PPP XIANGMU
ZHENGFUFANG QUANSHENGMING ZHOUQI
GUANLI SHIJIAN

# PPP项目 政府方全生命周期管理实践

唐俊华 / 著



中国法治出版社
CHINA LEGAL PUBLISHING HOUSE

# 序　言

让人民群众在每一起司法案件中感受到公平正义；让客户在每一次法律服务中感受到工作者的全力以赴；让社会发展在每一个法律职业共同体的努力中更加和谐，这是一名优秀的法律工作者的使命与追求。何为好律师？其应该兼具法律专家、社会工作者等特性，最为关键的在于“君子敬而无失，与人恭而有礼”，还要有容人之量、待人之诚、助人之善、成人之美的本性。

近年来，我在工作之余，充分利用闲暇时间学习和总结，并梳理十多年以来日常法律服务工作中的专业经验，形成本书的初稿，正所谓“工欲善其事，必先利其器”。

自求知以来，我有过迷茫、有过艰辛、有过心酸，更多的是与孤独为伴。我始终坚信越努力越幸运，身在平凡岗位，从点滴小事做起，在仰望星空的同时，更要脚踏实地，低头拉车，抬头看路。伟大事业始于梦想、基于创新、成于实干。

最后，与大家共勉北宋哲学家张载的名言——“为天地立心，为生民立命，为往圣继绝学，为万世开太平”。

本书提到的实务中的具体做法和操作，有些所涉及的原始规定性文件虽已失效，但实践中相关操作方式可能仍被参考，特此说明。鉴于水平有限，本书中难免有遗漏甚至存在错误，恳请社会各界友人不吝赐教。

是为序。

唐俊华<br>2025年6月

目录 CONTENTS

# 第一章

# 政府和社会资本合作项目内涵

## 第一节　政府和社会资本合作的概念与原则

合同是民事主体之间设立、变更、终止民事法律关系的协议。合同订立的方式多种多样，如书面形式、口头形式或其他形式。书面形式包括但不限于合同书、信件、电报、电传、传真等可以有形地表现所载内容的形式。在当下互联网时代，以电子数据交换、电子邮件等方式能够有形地表现所载内容，并可以随时调取查用的数据电文，也视为书面形式。《中华人民共和国民法典》第四百七十条规定了合同的内容，一般包括下列条款：当事人的姓名或者名称和住所；标的；数量；质量；价款或者报酬；履行期限、地点和方式；违约责任和解决争议的方法。PPP[①]模式项下涉及诸多合同，其核心是PPP项目合同。因为其他合同都是围绕PPP项目合同来确立和调整彼此的权利义务关系，共同组成PPP项目合同体系。比如，股东合同、工程承包合同、运营服务合同、原料供应合同、产品或服务购买合同、融资合同、保险合同等。如此之多且庞杂的合同体系，均应当订立书面合同，尤其要加强对PPP合同体系中合同起草、谈判、履行、变更、解除、退出、转让、终止直至项目完成的全过程管理，合同约定的权利义务能够正确表达各方真实意愿，合理分配风险、妥善履行义务，既是政府和社会资本长期友好合作的重要基础，也是PPP项目顺利实施的重要保障。

合同当事人在签订或履行合同时都应当遵循如下基本原则：

---

① Public Private Partnership的缩写，指政府和社会资本建立的一种长期合作模式和关系。以下不再提示。

一、主体平等原则，合同当事人的法律地位平等，一方不得将自己的意志强加给另一方。

二、合同自由原则，合同当事人有权自由决定是否订立合同、与谁订立合同，不受任何人的强迫和干涉。

三、公平效率原则，合同当事人在订立合同时，对于各方的权利义务应当公平设立，在履行合同过程中应当在保质保量的前提下，尽快尽好地完成合同中约定的各项权利和义务。

四、诚实信用原则，合同当事人在订立合同、履行合同时，当事人都要诚实守信，以善意的方式履行义务，不滥用权利或采用欺诈等不正当方法，规避合同义务和法律责任。

五、遵纪守法原则，合同当事人订立合同的内容、履行合同的方式都应该符合法律的规定，遵守法律法规，尊重社会公德，不得扰乱社会经济秩序，损害社会公共利益。

六、公益优先原则，PPP项目是政府和社会资本在基础设施与公共服务领域中建立的合作关系，从项目建设目的角度考虑，PPP项目应该多考虑公益性的因素，并且在履行合同过程中优先考虑PPP项目。

我国从20世纪50年代起经历了计划经济向市场经济的转变，基础设施和公用事业一直以来都是由政府投资兴建，随着经济体制不断改革，市场经济也越来越活跃，人民对基础设施和公用事业的需求日益增长，特别是党的十八大、十八届三中全会后，国务院发布的《关于加强地方政府性债务管理的意见》明确指出，鼓励社会资本通过特许经营等方式，参与城市基础设施等有一定收益的公益性事业投资和运营。政府通过特许经营权、合理定价、财政补贴等事先公开的收益约定规则，使投资者有长期稳定的收益。投资者按照市场化原则出资，按约定规则独自或与政府共同成立特别目标公司建设和运营合作项目。投资者或特别目标公司可以通过银行贷款、企业债、项目收益债券、资产证券化等市场化方式举债并承担偿债责任。政府对投资者或特别目标公司按约定规则依法承担特许经营权、合理定价、财政补贴等相关责任，不承担投资者或特别目标公司的偿债责任。同时，该意见还提出，严控地方政府的债务规模，剥离地方政府融资平台公司的融资功能，并鼓励社会资本通过特许经营等方式，参与城市基础设施等有一定收益的公益性事业投资和运营，由此引发了我国推广利用政府和社会资本合作模式的热潮。《国务院关于深化预算管理制度改革的决定》也明确指出，推广适用政府和社会资本合作模式，鼓励社会资本通过特许经营等方式参与城市基础设施等有一定收益的公益性事业投资和运营。《中华人民共和国国民经济和社会发展第十四个五年规划和2035年远景目标纲要》提到，规范有序推进政府和社会资本合作（PPP）。

政府和社会资本合作（Public Private Partnership）项目合同是指政府方（政府或政府授权机构）与社会资本方秉着自愿原则就PPP项目合作依法订立的合同。其旨在合理分配政府方与社会资本方之间的项目风险，明确双方的权利义务关系，保障双方能够依据合同约定合理主张权利、履行义务，确保项目建设、运营、移交等全生命周期内顺利实施。PPP项目合同是其他合同产生的基础，也是整个PPP项目合同体系的核心。实践中，在项目公司尚未成立时，政府方会先与社会资本（项目投资人）方签订意向书、备忘录或者框架协议，以明确双方的合作意向，详细约定双方有关项目开发的关键权利义务。待项目公司成立后，由项目公司与政府方重新签署正式的PPP项目合同，或者签署关于承继上述协议的补充合同。在PPP项目合同中通常也会对PPP项目合同生效后政府方与项目公司及其母公司之前就本项目所达成的协议是否继续存续进行约定。PPP项目合同是政府方和社会资本方就政府给予社会资本方建设基础设施或公用事业等项目，社会资本方由此获得相应的运营权利义务。从主体方来看，一方是政府方，另一方是社会资本方；从合同交易形式来看，双方通过签署合同达成交易；从合同内容来看，其规范双方履约的权利和义务，交易结构和风险转移，因此，PPP项目合同是一种民事合同，建立的是民事法律关系。

政府和社会资本合作模式是公共服务供给机制的重大创新，即政府采取竞争性方式择优选择具有投资、运营管理能力的社会资本，双方按照平等协商原则订立合同，明确责权利关系，由社会资本提供服务，政府依据公共服务绩效评价结果向社会资本支付相应对价，保证社会资本获得合理收益。

推广政府和社会资本合作，要贯彻落实党的十八大和十八届二中、三中、四中全会精神，按照党中央、国务院决策部署，立足国内实际情况，改革创新公共服务供给机制和投入方式，引导和鼓励社会资本积极参与公共服务供给，为广大人民群众提供优质高效的公共服务，并遵循以下基本原则：

一、依法合规。将政府和社会资本纳入法治轨道，建立健全制度体系，保护参与各方的合法权益，明确全生命周期管理要求，确保项目规范落实。

二、诚信履约。政府和社会资本法律地位平等、权利义务对等，必须树立契约理念，坚持平等协商、互惠互利、诚实守信、严格履约。

三、公开透明。实行阳光化运作，依法充分披露政府和社会资本合作项目重要信息，保障公众知情权，对参与各方形成有效监督和约束。

四、公众收益。加强政府监管，将政府的政策目标、社会目标和社会资本的运营效率、技术进步有机结合，促进社会资本竞争和创新，确保公共利益最大化。

鼓励地方各级人民政府和行业主管部门因地制宜，探索符合当地实际和行业特点的做法，总结并提炼经验，形成适合我国国情的发展模式。坚持必要、合理、可持续的财政投入原则，有序推进项目实施，控制项目的政府支付责任，防止政府支付责任过重加剧财政收支矛盾，带来支出压力。

开展政府和社会资本合作，有利于创新投融资机制，扩宽社会资本投资渠道，增强经济增长内生动力；有利于推动各类资本相互融合、优势互补，促进投资主体多元化，发展混合所有制经济；有利于理顺政府和市场之间的关系，加快政府职能转变，充分发挥市场配置资源的决定性作用。在实践中，要准确把握政府和社会资本合作的主要原则，具体如下：

一、转变职能，合理界定政府的职责定位。开展政府和社会资本合作，对转变政府职能、提高管理水平提出了更高的要求。政府要牢固树立平等意识及合作理念，集中力量做好政策制定、发展规划、市场监管和服务指导，从公共产品的直接“提供者”转变为社会资本的“合作者”以及PPP项目的“监管者”。

二、因地制宜，建立合理的投资回报机制。根据各地实际，通过授予特许经营权、核定价费标准、给予财政补贴、明确排他性约定等，稳定社会资本收益预期。加强项目成本监测，既要充分调动社会资本的积极性，又要防止不合理的让利或利益输送。

三、合理设计，构建有效的风险分担机制。按照风险收益对等原则，在政府和社会资本间合理分配项目风险。原则上，项目建设、运营风险由社会资本承担，法律、政策调整风险由政府承担，自然灾害等不可抗力风险由双方共同承担。

四、诚实守信，保证合作双方的合法权益。在平等协商、依法合规的基础上，按照权责明确、规范高效的原则订立项目合同。合同双方要牢固树立法律意识、契约意识和信用意识，项目合同一经签署必须严格执行，无故违约必须承担相应责任。

五、完善机制，营造公开透明的政策环境。从项目选择、方案审查、伙伴圈定、价格管理、退出机制、绩效评价等方面完善制度设计，营造良好的政策环境，确保项目实施决策科学、程序规范、过程公开、责任明确、稳妥推进。

## 第二节 PPP的性质和适用范围

学界对于政府和社会资本合作的项目合同性质究竟是民事合同还是行政合同争论不休。PPP从行为性质上属于政府向社会资本采购公共服务的民事法律行为，构成民事主体之间的民事法律关系。同时，政府作为公共事务的管理者，在履行PPP项目的规划、管理、监督等行政职能时，与社会资本之间构成行政法律关系。《PPP项目合同指南（试行）》明确在PPP模式下，政府和社会资本是基于PPP项目合同的平等法律主体，双方法律地位平等、权利义务对等，应在充分协商、互利互惠的基础上订立合同，并依法平等地主张合同权利、履行合同义务；《国家发展和改革委员会关于开展政府和社会资本合作的指导意见》明确，政府为增强公共产品和服务供给能力、提高供给效率，通过特许经营、购买服务、股权合作等方式，与社会资本建立利益共享、风险分担及长期合作关系。结合上述国家部委文件和社会实践操作来看，笔者认为PPP项目合同是民事合同。

PPP模式主要适用于政府负有责任又适宜市场化运作的公共服务、基础设施类项目。例如，燃气、供电、供水、供热、污水及垃圾处理等市政设施，公路、铁路、机场、城市轨道交通等交通设施，医疗、旅游、教育培训、健康养老等公共服务项目，以及水利、资源环境和生态保护等项目可推行PPP模式。各地的新建市政工程以及新型城镇化试点项目，可优先考虑采用PPP模式建设。

## 第三节　PPP的运作方式

财政部和其他相关部门发布的一系列PPP规范性文件规定：项目运作方式主要为委托运营、管理合同、建设—运营—移交、建设—拥有—运营、转让—运营—移交和改建—运营—移交六种操作模式，上述方式内涵具体如下：

一、委托运营（Operantions Maintenance，OM），政府将存量公共资产的运营、维护职责委托给社会资本或项目公司，社会资本或项目公司不负责用户服务的政府和社会资本合作项目的运作方式。政府保留资产所有权，只向社会资本或项目公司支付委托运营费用。合同期限一般不超过8年。

二、管理合同（Management Contract，MC），政府将存量公共资产的运营、维护和用户服务的职责委托给社会资本或项目公司的政府和社会资本合作项目的运作方式。政府保留资产所有权，只向社会资本或项目公司支付管理费。管理合同通常作为转让—运营—移交的过渡方式。合同期限一般不超过3年。

三、建设—运营—移交（Build Operate Transfer，BOT），由社会资本或项目公司承担新建项目设计、融资、建造、运营、维护和用户服务职责，合同期满后项目资产及相关权利等移交给政府的项目合作方式。合同期限一般为20年至30年。

四、建设—拥有—运营（Build Own Operate，BOO），由BOT演变而来，两者的区别主要是BOO方式项下社会资本或项目公司拥有项目所有权，但必须在合同中注明保证公益性约束条款，一般不涉及项目期满移交。

五、转让—运营—移交（Transfer Operate Transfer，TOT），政府将存量资产所有权有偿转让给社会资本或项目公司，并由其负责运营、维护和用户服务，合同期满后资产及其所有权等移交给政府的项目运作方式。合同期限一般为20年。

六、改建—运营—移交（Rehablilitale Operate Transfer，ROT），政府在TOT模式的基础上，增加改扩建内容的项目运作模式。合同期限一般为20年至30年。

依据项目的不同属性，将其划分为不同的操作模式，供市场主体选择，具体如下：

一、经营性项目。对于具有明确的收费基础，并且经营收费能够完全覆盖投资成本的项目，可通过政府授予特许经营权，采用建设—运营—移交（BOT）、建设—拥有—运营—移交（BOOT）等模式推进。要依法放宽相关项目的建设、运营市场准入，积极推动自然垄断行业逐步实行特许经营。

二、准经营性项目。对于经营收费不足以覆盖投资成本，需政府补贴部分资金或资源的项目，可通过政府授予特许经营权附加部分补贴或直接投资参股等措施，采用建设—运营—移交（BOT）、建设—拥有—运营（BOO）等模式推进。要建立投资、补贴与价格的协同机制，为投资者获得合理回报积极创造条件。

三、非经营性项目。对于缺乏使用者付费基础，主要依靠政府付费回收投资成本的项目，可通过政府购买服务，采用建设—拥有—运营（BOO）、委托运营等市场化模式推进。要合理确定购买内容，把有限的资金用在“刀刃”上，切实提高资金使用效益。

基础设施和公用事业特许经营可以采取如下方式：

一、在一定的期限内，政府授予特许经营者投资新建或改扩建、运营基础设施和公用事业，期限届满移交政府；

二、特许经营者投资新建或改扩建基础设施和公用事业并移交政府后，由政府授予其在一定期限内运营。

我国的相关规定中只列举了PPP模式，而对于PPP模式的内涵和外延没有明确的规定，导致我国的立法目前实际上没有PPP模式的完整分类。

## 第四节　PPP项目合作模式操作

能源、交通运输、水利、环境保护、农业、林业、科技、保障性安居工程、医疗卫生、养老、教育、文化等公共服务领域都可以采用PPP项目合作模式，可见PPP项目合作具有领域范围广、行业属性不尽相同等特点，为确保顺利推动政府和社会资本合作项目落地，需要根据本地区实际情况，建立工作协调机制，合理分配项目风险、明确划分各方义务、有效保障各方合法权益，为PPP项目的顺利实施和全生命周期管理提供坚实的基础。同时，各参与方应按照公平、公正、公开和诚实信用的原则，依法、规范、高效实施政府和社会资本合作项目。

政府和社会资本合作项目操作流程如下：

项目识别→项目发起→项目筛选→物有所值评价→财政承受能力论证；

项目准备→管理架构组建→实施方案编制→实施方案审核；

项目采购→资格预审→采购文件编制→响应文件评审→谈判与合同签署；

项目执行→项目公司设立→融资管理→绩效监测与支付→中期评估；

项目移交→移交准备→性能测试→资产交割→绩效评价。

## 一、项目识别

针对投资规模较大、需求长期稳定、价格调整机制灵活、市场化程度较高的基础设施及公共服务类项目，适宜采用政府和社会资本合作模式。

（一）政府和社会资本合作项目可以由政府或社会资本方发起，但以政府方发起为主。

1.政府发起。财政部门应负责交通、住建、环保、能源、教育、医疗、体育健身和文化设施等行业主管部门征集潜在政府与社会资本合作项目。行业主管部门可从国民经济和社会发展规划及行业专项规划中的新建、改建项目或存量公共资产中遴选潜在项目。

2.社会资本发起。社会资本应以项目建议书的方式向财政部门推荐潜在政府和社会资本合作项目。

（二）项目筛选。财政部门会同行业主管部门，对潜在政府和社会资本合作项目进行评估筛选，确定备选项目。财政部门应根据筛选结果制订项目年度和中期开发计划。

对于列入年度开发计划的项目，项目发起方应按财政部门的要求提交相关资料。新建、改建项目应提交可行性研究报告、项目产出说明和初步实施方案；存量项目应提交存量公共资产的历史资料、项目产出说明和初步实施方案。

（三）物有所值评价。财政部门会同行业主管部门，从定性和定量两个方面开展物有所值评价工作。定性评价重点关注项目采用政府和社会资本合作模式与采用政府传统采购模式相比能否增加供给、优化风险分配、提高运营效率、促进创新和公平竞争等。定量评价主要通过政府和社会资本合作项目全生命周期内政府支出成本现值与公共部门比较值进行比较，计算项目的物有所值量值，判断政府和社会资本合作模式是否降低项目全生命周期成本。定量评价工作由各地根据实际情况开展。

（四）财政承受能力论证。为确保财政中长期可持续性，财政部门应根据项目全生命周期内财政支出、政府债务等因素，对部分政府付费或政府补贴的项目开展财政承受能力论证，每年政府付费或政府补贴等财政支出不得超出当年财政收入的一定比例。

## 二、项目准备

（一）管理架构组建。县级以上（含县）地方人民政府可建立专门协调机制，主要负责项目评审、组织协调和检查督导等工作，实现简化审批流程、提高工作效率的目的。政府或其指定的有关职能部门或事业单位可作为项目实施机构，负责项目准备、采购、监管和移交等工作。

（二）实施方案编制。项目实施机构应组织编制项目实施方案，依次对以下内容进行介绍。

1.项目概况。项目概况主要包括基本情况，经济技术指标和项目公司股权情况等。基本情况主要明确项目提供的公共产品和服务内容、项目采用政府和社会资本合作模式运作的必要性与可行性，以及项目运作的目标和意义。经济技术指标主要明确项目区位、占地面积、建设内容或资产范围、投资规模或资产价值、主要产出说明和资金来源。项目公司股权情况主要明确是否要设立项目公司以及公司股权结构。

2.风险分配基本框架。按照风险分配优化、风险收益对等和风险可控等原则，综合考虑政府风险管理能力、项目回报机制和市场风险管理能力等要素，在政府和社会资本间合理分配项目风险。原则上，项目设计、建造、财务和运营维护等商业风险由社会资本承担，法律、政策和最低需求等风险由政府承担，不可抗力等风险由政府和社会资本合理共担。

3.项目运作方式。项目运作方式主要包括委托运营、管理合同、建设—运营—移交、建设—拥有—运营、转让—运营—移交和改建—运营—移交等。具体运作方式主要根据收费定价机制、项目投资收益水平、风险分配基本框架、融资需求、改建扩建需求和期满处置等因素决定。

4.交易结构。交易结构主要包括项目投融资结构、回报机制和相关配套安排。项目投融资结构主要说明项目资本向支出的资金来源、性质和用途，项目资产的形成和转移等。项目回报机制主要说明社会资本取得投资回报的资金来源，包括使用者付费、可行性缺口补助和政府付费等支付方式。相关配套安排主要说明由项目以外相关机构提供的土地、水、电、气和道路等配套设施和项目所需的上下游服务。

5.合同体系。合同体系主要包括项目合同、股东合同、融资合同、工程承包合同、运营服务合同、原料供应合同、产品采购合同和保险合同等。项目合同是其中核心的法律文件。

项目边界条件是项目合同的核心内容，主要包括权利义务、交易条件、履约保障和调整衔接等边界。权利义务边界主要明确项目资产权属、社会资本承担的公共责任、政府支付方式和风险分配结果等。交易条件边界主要明确项目合同期限、项目回报机制、收费定价调整机制和产出说明等。履约保障边界主要明确强制保险方案，以及由投资竞争保函、建设履约保函、运营维护保函和移交维修保函组成的履约保函体系。调整衔接边界主要明确应急处置、临时接管和提前终止、合同变更、合同展期、项目新增改扩建需求等应对措施。

6.监管机构。监管机构主要包括授权关系和监管方式。授权关系主要是政府对项目实施机构的授权以及政府直接或通过项目实施机构对社会资本的授权，监管方式主要包括履约管理、行政监管和公众监督等。

7.采购方式选择。项目采购应根据《中华人民共和国政府采购法》及相关规章制度执行，采购方式包括公开招标、竞争性谈判、邀请招标、竞争性磋商和单一来源采购。项目实施机构应根据项目采购需求特点，依法选择适当的采购方式。公开招标主要适用于核心边界条件和技术经济参数明确、完整、符合国家法律法规和政府采购政策，且采购中不作更改的项目。

（三）实施方案审核。财政部门应对项目实施方案进行物有所值和财政承受能力验证，通过验证的，由项目实施机构报政府审核；未通过验证的，可在实施方案调整后重新验证；经重新验证仍不能通过的，不再采用政府和社会资本合作模式。

## 三、项目采购

（一）资格预审。项目实施机构应根据项目需要准备资格预审文件，发布资格预审公告，邀请社会资本和与其合作的金融机构参与资格预审，验证项目能否获得社会资本充分响应和实现充分竞争，并将资格预审的评审报告提交财政部门备案。

项目有3家及以上社会资本通过资格预审的，项目实施机构可以继续开展采购文件准备工作；项目通过资格预审的社会资本不足3家的，项目实施机构应在实施方案调整后重新组织资格预审；项目经重新资格预审合格社会资本仍不足3家的，可依法调整实施方案选择的采购方式。

资格预审公告应在省级以上人民政府财政部门指定的媒体上发布。资格预审合格的社会资本在签订项目合同前资格发生变化的，应及时通知项目实施机构。资格预审公告应包括项目授权主体、项目实施机构和项目名称、采购需求、对社会资本的资格要求、是否允许联合体参与采购活动、拟确定参与竞争的合格社会资本的家属和确定方法，以及社会资本提交资格预审申请文件的时间和地点。提交资格预审申请文件的时间自公告发布之日起不得少于15个工作日。

（二）采购文件编制。项目采购文件应包括采购邀请、竞争者须知（包括密封、签署、盖章等要求）、竞争者应提供的资格、资信及业绩证明文件、采购方式、政府对项目实施机构的授权、实施方案的批复和项目相关审批文件、采购程序、响应文件编制要求、提交相应文件截止时间、开启时间及地点、强制担保的保证金缴纳数额和形式、评审方法、评审标准、政府采购政策要求、项目合同草案及其他法律文本等。采用竞争性谈判或竞争性磋商采购方式的，项目采购文件除上款规定的内容外，还应明确评审小组根据与社会资本谈判情况可能实质性变动的内容，包括采购需求中的技术、服务要求以及合同草案条款。

（三）响应文件评审。评审小组由项目实施机构代表和评审专家共5人以上单数组成，其中评审专家人数不得少于评审小组成员总数的2/3。评审专家可以由项目实施机构自行选定，但评审专家中应至少包含1名财务专家和1名法律专家。项目实施机构代表不得以评审专家身份参加项目评审。

项目采用公开招标、邀请招标、竞争性谈判、单一来源采购方式开展采购的，按照政府采购法律法规及有关规定执行。项目采用竞争性磋商采购方式开展采购的，按照下列基本程序进行：

1.采购公告发布及报名。竞争性磋商公告应在省级以上人民政府财政部门指定的媒体上发布。竞争性磋商公告应包括项目实施机构和项目名称，项目结构和核心边界条件，是否允许未进行资格预审的社会资本参与采购活动，以及审查原则，项目产出说明，对社会资本提供的响应文件要求，获取采购文件的时间、地点、方式及采购文件的售价，提交响应文件截止时间、开启时间及地点。提交响应文件的时间自公告发布之日起不得少于10日。

2.资格审查及采购文件发售。已进行资格预审的，评审小组在评审阶段不再对社会资本资格进行审查。允许进行资格后审的，由评审小组在响应文件评审环节对社会资本进行资格审查。项目实施机构可以视项目的具体情况，组织对符合条件的社会资本的资格条件，进行考察核实。采购文件售价，应按照弥补采购文件音质成本费用的原则确定，不得以营利为目的，不得以项目采购金额作为确定采购文件售价依据。采购文件的发售期限自开始之日起不得少于5个工作日。

3.采购文件的澄清或修改。提交首次响应文件截止之日前，项目实施机构可以对已发出的采购文件进行必要的澄清或修改，澄清或修改的内容作为采购文件的组成部分。澄清或修改的内容可能影响响应文件编制的，项目实施机构应在提交首次响应文件截止时间至少5日前，以书面形式通知所有获取采购文件的社会资本；不足5日的，项目实施机构应顺延提交响应文件的截止时间。

4.响应文件评审。项目实施机构应按照采购文件规定组织响应文件的接收与开启。评审小组对响应文件进行两阶段评审：第一阶段，确定最终采购需求方案。评审小组可以与社会资本进行多轮谈判，谈判过程中可实质性修订采购文件的技术、服务要求以及合同草案条款，但不得修订采购文件中规定的不可谈判核心条件。实质性变动的内容，须经项目实施机构确认，并通知所有参与谈判的社会资本。具体程序按照《政府采购非招标采购方式管理办法》及有关规定执行。第二阶段，综合评分。最终采购需求方案确定后，由评审小组对社会资本提交的最终响应文件进行综合评分，编写评审报告并向项目实施机构提交候选社会资本的排序名单。具体程序按照《政府采购非招标采购方式管理办法》及有关规定执行。

5.履约担保。项目实施机构应在资格预审公告、采购公告、采购文件、采购合同中，列明对本国社会资本的优惠措施及幅度、外方社会资本采购我国生产的货物和服务要求等相关政府采购政策，以及对社会资本参与采购活动和履约保证的强制担保要求。社会资本应以支票、汇票、本票或金融机构、担保机构出具的保函等非现金形式缴纳保证金。参加采购活动的保证金的数额不得超过项目预算金额的2%。履约保证金的数额不得超过政府和社会资本合作项目初始投资总额或资产评估值的10%。无固定资产投资或投资额不大的服务型合作项目，履约保证金数额不得超过平均6个月的服务收入额。

6.项目答疑。项目实施机构应组织社会资本进行现场考察或召开采购前答疑会，但不得单独或分别组织只有一个社会资本参加的现场考察和答疑会。

（四）谈判与合同签署。项目实施机构应成立专门的采购结果确认谈判工作组。按照候选社会资本的排名，依次与候选社会资本及与其合作的金融机构就合同中可变的细节问题进行合同签署前确认谈判，率先达成一致的即为中选者。确认谈判不得涉及合同中不可谈判的核心条款，不得与排序在前但已终止谈判的社会资本进行再次谈判。

确认谈判完成后，项目实施机构应与中选社会资本签署确定谈判备忘录，并将采购结果和根据采购文件、响应文件、补遗文件及确认谈判备忘录拟定的合同文本进行公示，公示期不得少于5个工作日。合同文本应将中选社会资本响应文件中的重要承诺和技术文件等作为附件。合同文本中涉及国家秘密、商业秘密的内容可以不公示。公示期满无异议的项目合同，应在政府审核同意后，由项目实施机构与中选社会资本签署。需要为项目设立专门项目公司的，待项目公司成立后，由项目公司与项目实施机构重新签署项目合同，或签署关于成绩项目合同的补充合同。项目实施机构应在项目合同签订之日起2个工作日内，将项目合同在省级以上人民政府财政部门指定的媒体上公告，但合同中涉及国家秘密、商业秘密的内容除外。

## 四、项目执行

（一）设立项目公司。社会资本可依法设立项目公司。政府可指定相关机构依法参股项目公司。项目实施机构和财政部门应监督社会资本按照采购文件和项目合同约定，按时足额出资设立项目公司。

（二）融资管理。项目融资由社会资本或项目公司负责。社会资本或项目公司应及时开展融资方案设计、机构接洽、合同签订和融资交割等工作。财政部门和项目实施机构应做好监督管理工作，防止企业债务向政府转移。社会资本或项目公司未按照项目合同约定完成融资的，政府可提取履约保函直至终止项目合同；遇系统性金融风险或不可抗力的，政府、社会资本或项目公司可根据项目合同约定协商修订合同中相关融资条款。当项目出现重大经营或财务风险，威胁或侵害债权人利益时，债权人可依据与政府、社会资本或项目公司签订的直接介入协议或条款，要求社会资本或项目公司改善管理等。在直接介入协议或条款约定期限内，重大风险已解除的，债权人应停止介入。

（三）政府支付。项目合同中涉及的政府支付义务，财政部门应结合中长期财政规划统筹考虑，纳入同级财政部门预算，按照预算管理相关规定执行。财政部门和项目实施机构应建立政府和社会资本合作项目政府支付台账，严格控制政府财政风险。在政府综合财务报告制度建立后，政府和社会资本合作项目中的政府支付义务应纳入政府综合财务报告。

（四）绩效检测。项目实施机构应根据项目合同约定，监督社会资本或项目公司履行合同义务。定期检测项目产出绩效指标，编制季报和年报，并报财政部门备案。政府有支付义务的，项目实施机构应根据项目合同约定的产出说明，按照实际绩效直接或通知财政部门向社会资本或项目公司及时足额支付。设置超额收益分享机制的，社会资本或项目公司应根据项目合同约定向政府及时足额支付应享有的超额收益。项目实际绩效优于约定标准的，项目实施机构应执行项目合同约定的奖励条款，并可将其作为项目期满合同能否展期的依据；未达到约定标准的，项目实施机构应执行项目合同中约定的惩处条款或救济措施。

社会资本或项目公司违反合同约定，威胁公共产品和服务持续稳定安全供给，或危害国家安全和重大公共利益的，政府有权临时接管项目，直至启动项目提前终止程序。政府可指定合格机构实施临时接管。临时接管项目所产生的一切费用，将根据项目合同约定，由违约方单独承担或由各责任方分担。社会资本或项目公司应承担的临时接管费用，可以从其应获终止补偿中扣减。

（五）合同修订、违约责任与争议解决。在项目合同执行和管理过程中，项目实施机构应重点关注合同修订、违约责任和争议解决等工作。合同修订：按照项目合同约定的条件和程序，项目实施机构和社会资本或项目公司可根据社会经济环境、公共产品和服务的需求量及结构等条件的变化，提出修订项目合同申请，待政府审核同意后执行。违约责任：项目实施机构、社会资本或项目公司未履行项目合同约定义务的，应承担相应违约责任，包括停止侵害、消除影响、支付违约金、赔偿损失以及解除项目合同等。争议解决：

在项目实施过程中，按照项目合同约定，项目实施机构、社会资本或项目公司可就发生争议且无法协商达成一致的事项，依法申请仲裁或提起诉讼。

（六）中期评估。项目实施机构应每3—5年对项目进行中期评估，重点分析项目运行状况和项目合同的合规性、适应性和合理性；及时评估已发现问题的风险，制定应对措施，并报财政部门备案。

政府相关职能部门应根据国家相关法律法规对项目履行行政监管职责，重点关注公共产品和服务质量、价格和收费机制、安全生产、环境保护和劳动者权益等。社会资本或项目公司对政府职能部门的行政监管处理决定不服的，可依法申请行政复议或提起行政诉讼。

政府、社会资本或项目公司应依法公开披露项目相关信息，保障公众知情权，接受社会监督。

社会资本或项目公司应披露项目产出的数量和质量、项目经营状况等信息。政府应公开不涉及国家秘密、商业秘密的政府和社会资本合作项目合同条款、绩效监测报告、中期评估报告和项目重大变更或终止情况等。社会公众及项目利益相关方发现项目存在违法、违约情形或公共产品和服务不达标的，可向政府职能部门提请监督检查。

## 五、项目移交

项目移交时，项目实施机构或政府指定的其他机构代表政府收回项目合同约定的项目资产。

项目合同中应明确约定移交形式、补偿方式、移交内容和移交标准。移交形式包括期满终止移交和提前终止移交；补偿方式包括无偿移交和有偿移交；移交内容包括项目资产、人员、文档和知识产权等；移交标准包括设备完好率和最短可使用年限等指标。采用有偿移交的，项目合同中应明确约定补偿方案；没有约定或约定不明的，项目实施机构应按照“恢复相同经济地位”原则拟定补偿方案，报政府审核同意后实施。

项目实施机构或政府指定的其他机构应组建项目移交工作组，根据项目合同约定与社会资本或项目公司确认移交情形和补偿方式，制订资产评估和性能测试方案。

项目移交工作组应委托具有相关资质的资产评估机构，按照项目合同约定的评估方式，对移交资产进行资产评估，作为确定补偿金额的依据。

项目移交工作组应严格按照性能测试方案和移交标准对移交资产进行性能测试。性能测试结果不达标的，移交工作组应要求社会资本或项目公司进行恢复性修理、更新重置或提取移交维修保函。

社会资本或项目公司应将满足性能测试要求的项目资产、知识产权和技术法律文件，连同资产清单移交项目实施机构或政府指定的其他机构，办妥法律过户和管理权移交手续。社会资本或项目公司应配合做好项目运营平稳过渡相关工作。

项目移交完成后，财政部门应组织有关部门对项目产出、成本收益、监管成效、可持续性、政府和社会资本合作模式应用等进行绩效评价，并按相关规定公开评价结果。评价结果作为政府开展政府和社会资本合作管理工作决策参考依据。

第二章

# 政府PPP合同

# 第一节　PPP项目合同参与方

PPP项目的参与方主要有政府方（或政府授权机构）、社会资本方、融资方、承包商和分包商、原料供应商、专业运营商、保险公司以及专业机构等。

合理确定合作各方的权利与义务，树立平等协商的理念，按照权责对等原则合理分配项目风险，按照激励相容原则科学设计合同条款，明确项目的产出说明和绩效要求、收益回报机制、退出安排、应急和临时接管预案关键环节，实现责权对等，保证项目实施质量。PPP项目主要参与方应当进一步完善规章制度、规范流程，加强监管，多措并举，从项目识别、准备、采购、执行、移交各环节操作流程，明确操作要求，指导社会资本参与实施全生命周期管理。

## 一、政府方

政府方是相对于PPP合同相对方社会资本而言的，是指签署PPP项目合同的政府一方的签约主体即合同当事人。实践中，政府授权相关部门或下属公司为实施PPP项目，以土地或注资方式与社会资本方合作而新组建项目公司完成项目。在主体资格中应当明确以下内容：（一）政府主体名称、住所、法定代表人等基本情况；（二）政府主体出现机构调整时的延续或承继方式。根据PPP项目运作方式和社会资本参与程度的不同，政府在项目中所承担的具体职责也不同。总体来讲，在PPP项目中，政府需要同时扮演以下两种角色：作为公共事务的管理者，政府负有向公众提供优质且价格合理的公共产品和服务的义务，承担PPP项目的规划、采购、管理、监督等行政管理职能，并在行使上述行政管理职能时形成与项目公司（或社会资本）之间的行政法律关系；作为公共产品或服务的购买者（或者购买者的代理人），政府基于PPP项目合同形成与项目公司（或社会资本）之间的平等民事主体关系，按照PPP项目合同的约定行使权利、履行义务。

## 二、社会资本方或项目公司

社会资本是依法设立且有效存续的具有法人资格的企业，包括民营企业、国有企业、外商投资企业等。社会资本方是指与政府方签署PPP项目合同的社会资本或项目公司的一方，但本级人民政府下属的政府融资平台公司及其控股的其他国有企业（PPP项目公司除外）不得作为社会资本方参与本级政府辖区内的PPP项目。社会资本是PPP项目的实际投资人，但在PPP项目实践中，社会资本通常不会直接作为PPP项目的实施主体，而会专门针对该项目成立项目公司，负责具体实施PPP项目。项目公司是依法为PPP项目单独设立的自主运营、自负盈亏的具有独立法人资格的经营实体，其既可以是一家企业，也可以是由多家企业组成的联合体出资设立，这可以由政府和社会资本共同出资设立，但政府在项目公司中的持股比例应当低于50%且不具有实际控制力及管理权，同时，还应明确项目公司的设立及其存续期间法人治理结构及经营管理机制等事项：（一）项目公司注册资金、住所、组织形式等限制性要求；（二）项目公司股东结构、董事会、监事会及决策机制安排；（三）项目公司股权、实际控制权、重要人事发生变化的处理方式。但在实践中，政府参与出资的，还应明确政府出资人代表、政府指派的法定代表人、投资金额、股权比例（政府在项目公司中持股比例在20%左右）、出资方式等；政府股份享有的分配权益，如是否享有与其他股东同等的权益、在利润分配顺序上是否予以优先安排等，政府股东代表在项目公司法人治理结构中的特殊安排，如在特定事项上是否拥有否决权。

## 三、融资方

PPP项目是有效打破社会资本进入公共服务领域的各种不合理限制，鼓励国有控股企业、民营企业、混合所有制企业等各类型企业积极参与公共服务，给予中小企业更多参与机会，大幅拓展社会资本特别是民营资本的发展空间，激发市场主体活力和发展潜力，有利于社会存量资本形成多元化，可持续的公共服务资金投入渠道。地方政府及相关部门和机构等通过财政拨款或注入土地、股权等资产设立、承担政府投资项目融资功能，为此注册成立融资平台公司。项目的融资合作方比较宽泛，如有商业银行、出口信贷机构、多边金融机构（如世界银行、亚洲开发银行等）以及非银行金融机构（如信托公司）等。融资方既可以是一两家金融机构，也可以是由多家银行或机构组成的银团。债权融资方式可以为贷款，债券，资产证券化，等等。

融资方在提供融资时应当关心两个问题：（一）融资方的主债权和担保物权。融资方需要在PPP项目合同中明确约定社会资本或项目公司有权设置担保物权，并且政府方可以接受融资方行使主债权或担保物权，以确保融资方权益能够得到充分有效的保障。（二）融资方介入权。融资方在签署融资协议前应当充分考虑PPP项目合同履行风险，但为了防范风险发生，防止项目提前可能会终止，并会对融资方债权的实现造成严重影响，为了项目正常进行，保障融资到位，融资方会要求在PPP项目合同中或通过政府、社会资本或项目公司与融资方签订的直接介入协议，对融资方的介入权予以明确约定。

## 四、承包商和分包商

在PPP项目中，承包商和分包商的选择是影响工程技术成败的关键因素，其技术水平、资历、信誉以及财务能力在很大程度上会影响贷款人对项目的商业评估和风险判断，是项目能否获得贷款的一个重要因素。

承包商主要负责项目的建设，通常与项目公司签订固定价格、固定工期的工程总承包合同。一般而言，承包商要承担工期延误、工程质量不合格和成本超支等风险。对于规模较大的项目，承包商可能会与分包商签订分包合同，把部分工作分包给专业分包商。根据具体项目的不同情况，分包商从事的具体工作可能包括设计、部分非主体工程的施工，提供技术服务以及供应工程所需的货物、材料、设备等。承包商负责管理和协调分包商的工作。

## 五、专业运营商

根据不同PPP项目运作方式的特点，项目公司有时会将项目部分的运营和维护事务交由专业运营商负责。但根据项目性质、风险分配以及运营商资质能力等不同，专业运营商在不同项目中所承担的工作范围和风险也会不同。例如，在一些采用政府付费机制的项目中，项目公司不承担需求风险或仅承担有限需求风险的，可能会将大部分的运营事务交由专业运营商负责，而在一些采用使用者付费机制的项目中，由于存在较大需求风险，项目公司可能仅仅会将部分非核心的日常运营管理事务交由专业运营商负责。

## 六、原料供应商

在一些PPP项目中，原料的及时、充足、稳定供应对于项目的平稳运营至关重要，因此原料供应商也是这类项目的重要参与方之一。例如，在燃煤电厂项目中，为了保证煤炭的稳定供应，项目公司通常会与煤炭供应商签订长期供应协议。

## 七、产品或服务购买方

在包含运营内容的PPP项目中，项目公司通常以项目建成后的运营收入来回收成本并获取利润。为了降低市场风险，在项目谈判阶段，项目公司以及融资方通常都会要求确定项目产品或服务的购买方，并由购买方与项目公司签订长期购销合同以保证项目未来的稳定收益。

## 八、保险公司

由于PPP项目通常资金规模大、生命周期长，在项目建设和运营期间会面临诸多难以预料的各类风险，因此项目公司以及项目的承包商、分包商、供应商、运营商等通常均会就其面临的各类风险向保险公司进行投保，以进一步分散和转移风险。同时，由于项目风险一旦发生就有可能造成严重的经济损失，因此PPP项目对保险公司的资信有较高要求。

## 九、其他参与方

除上述参与方外，开展PPP项目还须充分借助投资、法律、技术、财务、保险代理等方面的专业技术力量，因此PPP项目的参与方通常还可能会包括上述领域的专业机构。

# 第二节　PPP项目合同主要条款

财政部制定的一系列规范性文件全面系统地介绍了PPP合同体系，说明了合同各主体方在PPP项目中的角色和订立相关合同的目的，阐述了PPP合同的主要条款，具体分析了合同条款中的风险分配原则、基本内容和权利义务安排，根据PPP合同内容边界关系可以分为四类：（一）项目边界条件是项目合同核心内容，主要包括权利义务、交易条件、履约保障和调整衔接等边界；（二）权利义务边界主要明确资产权属、社会资本承担的公共责任、政府支付方式和风险分配结果等；（三）交易条件边界主要明确项目合同期限、项目回报机制、收费定价调整机制和产出说明等；（四）履约保障边界主要明确强制保险方案以及由投资竞争保函、建设履约保函、运营维护保函和移交维修保函组成的履约保函体系；（五）调整衔接边界主要明确应急处置、临时接管和提前终止、合同变更、合同展期、项目新增、改建、扩建需求等应对措施。

## 一、引言、术语、定义和解释

合同旨在保障和约束各方当事人的权利义务的实现，但在日常生活中不同的人、不同的专业会对同一概念或事物的认知产生分歧，这就要求我们在拟定合同时对概念进行定义，尤其是涉及的重要术语或容易产生歧义的词语，需要根据项目具体情况对其加以定义。凡经定义的术语，在项目合同文本中的内涵和外延应与其定义保持一致。

PPP项目合同在起草时应当将引言、术语、定义和解释放在首页，引言内容包括合同的签订主体、签订背景、签订目的、签订时间等信息内容，以便于准确把握和执行PPP项目合同；PPP项目合同是成体系化的签署，其结构多样、内容庞杂，往往会出现很多关键性名词和术语，为确保PPP项目合同的语言及内涵的统一性，避免将来发生争议，在起草PPP项目合同时，应当对此类概念进行定义并加以明确。例如，涉及一些模棱两可的词语或时间节点的相关术语如“以上”“以下”“以内”或“内”均含本数，“超过”“以外”均不含本数，“日、月、季、年，均指公历的日、月、季、年”；涉及“元”，在中国签署的合同应当是指中国的法定货币人民币单位“元”；涉及的相关法律术语，“不可抗力”“情势变更”；等等。为了避免PPP项目合同前后条款不同的解释而引起争议，在该类合同中应当约定解释方法和顺序。常见的解释方法，如日历天计算的时间段是包括周六周日的天数，而工作日是指除周六周日的上班工作时间。当PPP项目合同中出现招标文件与PPP项目合同专用条款冲突时，当PPP项目合同与后签订的补充协议（不涉及实质性变更的条款）冲突时，此时就需要解释顺序以哪个为准，原则上可以约定合同文件的地位和优先解释顺序如下：《PPP项目合作协议书》《PPP项目合同及附件》《谈判备忘录》《响应文件》《采购文件》和《组成PPP合同的其他文件》。

## 二、风险分配

PPP项目合同主体虽然地位平等，权利义务对等，从项目合同性质上看也属于民事法律关系，但是从PPP项目自由特性，政府方带有行政监督管理权力上看，PPP项目合同风险分配应当事先约定明确，风险分配应当遵循以下基本原则：（一）承担风险的一方应对该风险具有控制力；（二）承担风险的一方能够将该风险合理转移；（三）承担风险的一方对于控制该风险有更大的经济利益或动机；（四）由该方承担该风险最有效率；（五）如果风险最终发生，承担风险的一方不应将由此产生的费用和损失转移给合同相对方。

实践中，具体PPP项目的风险分配需要根据实际情况以及各方的风险承受能力在谈判过程中确定，通常做法是，政府方可能在土地获取风险、项目审批风险、政治不可抗力风险方面承担，但也有例外，如在特定情形下也可能由项目公司承担土地获取风险、项目审批风险，以及非政府方原因且不在政府方控制下的征收征用和法律变更等。社会资本或项目公司承担的如期完成项目融资的风险、项目设计、建设、运营和维护相关风险，如完工风险、供应风险、技术风险、运营风险以及移交资产不达标风险；不可抗力的风险原则上共担。

## 三、项目的范围和期限

项目的范围，是政府与社会资本或项目公司合作的基础和核心内容，该范围是政府实现PPP项目合同的关键所在，也是PPP项目合同中重要的权利义务的边界条件。由于PPP项目合作模式多种，且政府和社会资本或项目公司对每个项目要求不一样，因此选择的PPP合作模式也不一样，以BOT为例，社会资本或项目公司承担新建项目设计、融资、建造、运营、维护和用户职责，合同期限届满后项目资产及相关权利等移交给政府的项目运作方式。再以TOT为例，政府将存量资产所有权有偿转让给社会资本或项目公司，并由其负责运营、维护和用户服务，合同期满后资产及其所有权等移交给政府的项目运作方式。上述例子说明，在PPP项目合同中应当明确合作项目的边界范围，明确政府为合作项目提供的主要条件或支持措施，如授予特许经营权等特定权利；明确社会资本或项目公司实现相应权利的方式和条件及政府授予权利的使用方式和限制性条款，如不得擅自转让等；明确社会资本或项目公司承担的工作，如运营、维护等。

项目的期限，是政府与社会资本或项目公司合作的起止时间段。该期限通常是在项目前期论证阶段进行评估完成，且在该期限内可以实现物有所值的目标并形成对社会资本或项目公司激励的考评的重要依据之一。根据PPP项目合作选择的模式不同，合作期限也不尽相同，如委托运营OM，合同期限一般不超过8年；管理合同MC，合同期限一般不超过3年；建设—运营—移交BOT，合同期限一般为20—30年；建设—拥有—运营BOO，由于该合作模式下社会资本或项目公司拥有项目所有权，所以一般不涉及项目期满移交事宜，但是必须在合同中注明保证公益性的约束条款；转让—运营—移交TOT，合同期限一般为20年；改建—运营—移交ROT，合同期限一般为20—30年。实践中，关于合作期限约定的方式通常有两种做法，（一）自合同生效之日起在一个固定的期限内；（二）在合同中分别约定建设期间和运营期间。从管理学和社会效益角度来说，第二种做法可能更为适合，假设建设期间出现不能按时完成竣工验收交付情形，那么第一种固定期限势必会影响，甚至缩短运营期限，从而直接影响社会资本或项目公司的期待收益，那么第二种分别约定建设期间和运营期间不会受到工期延误导致运营期限的缩短，保证了社会资本或项目公司的期待收益。综上分析，实践中应当根据项目的风险分配，合作模式、付费机制和据悉情况选择合理的项目合作期限。

在PPP项目合同有关合作期限中还有一个重要的概念需要提醒，即期限的延长问题。期限延长的因素很多，如有可能是政府行为、社会资本或项目公司资金链中断，还有可能是归责一方的不可抗力等。无论是何种原因势必会造成合作期限的延长，建议在商务谈判合作磋商过程中确定可以延期的事由，只要在法律允许范围内，对于项目合作期限内发生非项目公司承担的风险而导致项目公司损失的情形下，项目公司可以延长项目合作期限，实践中常见的可以延期事由主要在土地审批、项目审批等政府行为导致社会资本方或项目公司延误履行及政府方和社会资本方或项目公司达成新的合约意思表示的行为。

## 四、合作缔约前的履约担保

由于PPP项目是当地政府高度重视和关系到人民群众重大利益的项目，所以在正式签署PPP项目合同前，应当先完成商务谈判磋商过程中的重大共识和合作前的各项事宜，并用协议的形式固定下来，且通过保函等多种方式予以保障PPP项目合同能够履约。

实践中，对社会资本或项目公司而言，在社会资本或项目公司开始实施前一段时间内应完成项目的融资及其他项目的前期准备工作，如项目公司已经为项目建设融资的目的签署并向融资方提交所有融资文件，且融资文件要求的就本项目获得资金的所有前提条件均得到满足。项目公司实施PPP项目可能需要履行相关行政审批程序和手续，可以通过虚拟审批先行获得相应的虚拟批文，只有这样才能保障PPP项目合同全面履行。

实践中，为了更好地督促社会资本或项目公司积极履行有关义务，政府方可以考虑在签署PPP项目合同前要求社会资本方或项目公司就履行合作提供一份履约保函。如果社会资本或项目公司未能按照约定的时间和要求完成相关事宜，且政府方未同意豁免该前提条件时，那么政府方有权提取保函项下的金额。

## 五、项目的投资和融资

PPP项目适用范围大部分是基础设施建设，包括新建、改建、扩建工程或政府向社会资本或项目公司转让资产（或股权）的合作项目。其中，投资和融资是社会资本或项目公司一项非常重要的工作，如果没有足够的资金予以保障，则PPP项目合同就很难得到全面履行。PPP项目合同中有关投资、融资条款事宜散落在各处，融资方式也层出不穷，因此，如何约定社会资本或项目公司融资权利和义务、融资方权利以及再融资等内容应当作为PPP项目合同中的一个重要章节。在本章节中重点约定项目投资规模、投资计划、投资控制、资金筹措、投融资条件、投融资监管及相应的违约责任。

在PPP项目中，无论是新建、改建或者是扩建工程项目，都应当明确项目总投资、投资规模及投资计划、资金筹措、融资条件、投融资监管，尤其要在合同中明确工程建设总投资及构成，包括建筑工程费、材料费、安装费等费用，以及根据合作项目特点，可约定社会资本主体承担全部或部分超支责任，或不承担超支责任，同时要设定对投融资的特别监管措施，应在合同中明确监管主体、内容、方法和程序，以及监管费用的安排等事项。

在PPP项目中，一般的融资方式大概有以下五个方面：（一）明确约定项目全生命周期内相关资产和权益归属社会资本或项目公司，以便于通过在相关资产和权益上设定抵押担保等方式获得项目融资；（二）通过转让项目公司股份获得相应的融资；（三）处置项目相关资产或权益的方式实现投资；（四）有一些PPP项目合同中允许项目公司在一定条件下对项目进行再融资的规定，但签署再融资协议应当经过政府的同意；（五）政府方对于因再融资所节省的财务费用享有按约定比例分成的权利，具体比例协商而定。

## 六、项目前期工作

在PPP项目实践中，要重视项目前期工作。尤其是要对投资情况、设计规范、工程建设和前期工作经费承担主体、承担方式、费用范围及工作成果和知识产权的归属作出安排。例如，项目合作各方主体投入情况，要明确转让资产（或股权）的合作项目，项目尽职调查、清产核资、资产评估等；项目需要完成的前期工作计划、内容、深度、控制性进度要求；项目设计时要明确设计采用的技术标准和规范要求，对于超出现行技术标准和规范的特殊规定，应予以特别说明；工程建设项目应明确可行性研究、勘察设计等前期工作要求；等等。

## 七、项目用地

PPP项目大部分是基础设施建设，因此均会涉及用地，需要在合同中约定有关土地取得的主体、取得的方式、费用承担的方式以及土地使用的权利及限制等内容。在实践中，土地取得主体一般是由政府方和社会资本（或项目公司）在项目合同中约定，但也有根据政府方和项目公司哪一方更有能力、更有优势承担取得土地责任的原则，来判定由哪一方负责取得土地。但是城市基础设施用地和公益事业用地以及国家重点扶持的能源、交通、水利等基础设施用地，大多采用划拨的方式，项目公司一般无法自行取得该土地使用权。当然，项目公司也可以通过出让方式取得，但是项目用地预审手续和土地使用权证均由政府办理，项目公司主要予以配合。通过出让方式取得的土地，通常由政府方负责完成该土地的征用补偿、拆迁、场地平整、人员安置等工作，并向项目公司提供没有设定他项权利、满足开工条件的净土地作为项目用地。

在PPP项目中，政府方应当对土地使用权进行限制，在实践中会列入以下三点：（一）项目公司有权在项目期限内独占性地使用特定土地进行以实施项目为目的的活动；（二）未经政府方同意，项目公司不得将该项目设计的土地使用权转让给第三方或用于该项目以外的其他用途；（三）项目公司应当遵守土地管理法等相关法律法规的规定和土地使用权出让合同或土地使用权划拨批准文件的约束。

## 八、工程设计

工程土建项目设计可以分为行性研究、初始设计和施工图设计三个阶段。实践中，如果PPP项目由政府方发起，则由政府方自行完成可行性研究报告和项目产出说明的编制工作；反之，则由社会资本方完成。在PPP项目合同签署后，项目公司负责编制或最终确定出初始设计和施工图设计，并完成全部的设计工作。无论上述文件是由哪方完成，都应当作为采购文件以及最终签订的合同文件的组成部分。在这里要着重强调下政府方在一定期限内可以审查设计文件并提出意见。如果设计文件中有不符合合同约定的内容，政府方可以要求社会资本方或项目公司对此进行修正，有关修正的风险、费用由社会资本方或项目公司承担。如果社会资本方或项目公司对政府方提出的意见存在异议，则可以提交争议解决机构处理。社会资本或项目公司对其所作出的设计承担全部责任。

## 九、工程建设

工程建设应当包含至少三个阶段：（一）施工准备阶段，该阶段主要包括工程报建管理、招标投标备案、建筑工程造价备案、建设工程安全生产条件审核、建设工程质量监督注册、施工许可证的办理。（二）建设工程施工过程管理，其中包括建设工程的施工合同管理、工程安全生产管理以及质量跟踪管理。（三）建设工程竣工验收与备案，根据《建筑工程施工质量验收统一标准》的规定，建筑工程质量在施工单位自行检查合格的基础上，由工程质量验收责任方组织，工程建设相关单位参加，对检验批、分项、分部、单位工程及其隐蔽工程的质量进行抽样检验，对技术文件进行审核，并根据设计文件和相关标准以书面形式对工程质量是否达到合格作出确认。如果工程质量达到合格，则建设单位应当自工程竣工验收合格之日起15日内，向工程所在地的县级以上人民政府主管部门备案。根据《建设工程质量管理条例》第四十九条第一款规定，建设单位应当自建设工程竣工验收合格之日起15日内，将建设工程竣工验收报告和规划、公安消防、环保等部门出具的认可文件或者准许使用文件报建设行政主管部门或其他有关部门备案。

在PPP项目工程建设实践中，政府可以定期获取有关项目计划和进度报告及其他相关资料；在不影响项目正常施工的前提下可以进场检查和测试；可以对项目建设的设计标准、施工标准、验收标准、安全生产和环境保护及建设工期和进度安排提出要求。

在PPP项目合同中，还有些条款比较重要如：（一）工程变更管理，原设计方案变更或控制性进度计划变更等工程变更的条件、程序、方法和处置方案；（二）工程激励机制，根据投资控制要求，预定项目实际投资的认定方法，以及项目投资发生节约或出现超支时的处理方法，并视需要设定相应的激励机制；（三）工程建设保险项目合同应约定建设期需要投保的相关险种，如建筑工程一切险、安装工程一切险、建筑施工人员团体意外伤害保险等，并落实各方的责任和义务；（四）对工程投资、工程质量、工程进度以及工程建设档案资料等事项安排特别监管措施，应在合同中明确监管的主体、内容、方法和程序，以及费用安排。

## 十、移交资产

PPP项目有多种运作模式，其中包括移交资产的使用与政府向社会资本主体转让或出租资产的合作项目。通常移交资产分为三部分：（一）移交前准备，项目合同应对移交前准备工作作出安排，以保证项目顺利移交，包括但不限于对准备工作的内容和进度作出安排，规定合同各方移交的权利义务、移交机构和移交制度；（二）对资产移交的权利义务约定内容，移交范围、进度安排、移交验收及程序、资产现状、移交的责任和费用、移交的批准和完成确认、相关资产附属的权利和义务也要分割清楚和违约责任；（三）约定移交后的法律责任归属问题。

## 十一、项目运营

在PPP项目中，项目运营关系到公共产品或服务的供给效率和质量，关系到PPP项目合同能否全面履行，关系到项目公司盈利或亏损，因此对政府方和社会资本方或项目公司而言非常重要。对政府方而言，项目开始运营意味着可以开始提供公共产品或服务；对项目公司而言，在多数PPP项目中，项目公司通常只有项目开始运营后才能获得付费。因此，项目越早开始运营，意味着项目公司可以越早、越有可能长时间地获得收入。

在PPP项目合作磋商过程中和订立合同时就已经对运营的条件予以确定，常见的条件有：（一）政府提供的外部条件均已成就，如项目运营所需的外部设施、设备和服务及其具体内容、规格、提供方式和费用标准；项目生产运营所需特定资源机器来源、数量、质量、提供方式和费用标准；对项目特定产出物的处置方式及配套条件已经到位；道路、供水、供电、排水等其他保障已经到位。（二）社会资本方或项目公司内部建设条件均已成就，如项目的建设已经基本完工，并且达到满足项目目的的水平；已按照合同中约定的标准和计划完成项目试运营；项目所需的审批手续已经完成；其他需要满足项目开始运营条件的测试和要求已经完成或具备。

在PPP项目实践中，有的项目合同中明确约定竣工验收备案或完工日认定为运营日，有的项目合同中明确试运营期届满且符合运营条件的才认定为运营日。设计试运营期的主要考虑是有的项目在技术上需要进行大量的人员培训或工作交接，有的则是基于技术岗位人员培训或工作上的衔接。通常在试运营期间主要约定试运营的前提条件、技术标准、期限、责任、费用和收入的处理等。

如果社会资本或项目公司承接的项目无法正常运营，则可能是项目公司自身原因，也可能是政府方原因，还可能是第三方或者不可归责于一方的原因。不论是何种原因导致，必有相应的法律后果和法律责任。如果是项目公司原因导致无法按期开始的，那么项目公司应承担无法按时获得付费、运营期缩短、支付逾期违约金、履约保险赔偿，甚至有可能终止项目合同履行的责任；如果是政府原因导致无法按期开始的，那么政府应当延长工期和赔偿费用、视为已开始运营；如果是不可归责于合同任何一方的，那么应根据具体情形并依据合同约定协商解决。

受不同行业政策及行业特点的影响，不同行业的PPP项目合同运营内容会有一些特殊条款，如公共交通项目运营的内容是与运营有关的桥梁、城市轨道等公共交通设施；公用设施项目运营的主要内容是供水、供热、供气、污水处理、垃圾处理等公共基础设施。

由于项目运营在PPP项目中占有举足轻重的地位，所以笔者就针对项目运营罗列一些条款，具体如下：（一）试运营和正式运营。项目合同应约定试运营的安排，如试运营的前提条件和技术标准、试运营的期限、试运营期间的责任安排、试运营的费用和收入处理；正式运营的前提条件及其开始时间和确认方式。（二）运营的服务标准。项目合同应从维护公共利益、提高运营效率、节约成本等角度，约定项目运营服务标准。比如，服务范围、服务内容；生产规模或服务能力；技术标准；服务质量；运营机构资质、运营组织模式、运营分包等。（三）运营服务要求变更。无论是哪种类型的合同，都会随着时间或政策以及外部环境的重大变化而需要变更运营服务标准、程序，新增投资和运营费用的承担责任，以及各方利益调整方法或处理措施。（四）运营维护与修理。在PPP项目中，通常由社会资本或项目公司负责根据合同约定及维护方案和手册的要求对项目设施进行维护与修理，该责任不因项目公司将部分或全部维护事务分包给其他运营维护商实施而豁免或解除。项目合同应约定项目运营维护与设施修理事项，主要包括以下几个方面：项目日常维护方案。该方案由项目公司在合同生效后、开始运营日之前编制并提交政府方审核，政府方有权对该方案提出意见；对于一些PPP项目，尤其是难度较大的项目，除维护方案外，有时还需要编制详细的维护手册，进一步明确日常维护和设备检修的内容、程序及频率；项目日常运营维护的范围和技术标准；项目日常运营维护记录和报告制度；大中修资金的筹措和使用管理；等等。（五）更新改造和追加投资。对于运营期间需要进行更新改造和追加投资的合作项目，项目合同应对更新改造和追加投资的范围、触发条件、实施方式、投资控制、补偿方案等进行约定。（六）主副产品的权属。项目合同应约定在运营过程中产生的主副产品（如污水处理厂的出水等）的权属和处置权限。（七）项目运营服务计量。项目合同应约定项目所提供服务或产品的计量方法、标准、计量程序、计量争议解决、责任和费用划分等事项。（八）运营期的特别补偿。项目合同应约定运营期间政府特殊要求造成项目公司支出增加、收入减少的补偿方式、补偿金额、支付程序及协商机制等。（九）运营期保险。项目合同应约定运营期需要投保的险种、保险范围、保险责任期间、保额、投保人、受益人、保险赔偿金的使用等。（十）运营期政府监管。政府可在不影响项目正常运营的原则下安排特别监管措施，社会资本方或项目公司应当予以配合，如定期获得有关项目运营情况的报告及其他相关资料；审阅项目公司拟定的运营方案并提出意见。项目合同中应约定政府临时接管的触发条件、实施程序、接管范围和时间、接管期间各方的权利义务等。（十一）运营支出。项目合同应约定社会资本方承担的成本费用范围，如人工费、燃料动力费、修理费、财务费用、保险费用、管理费用等相关费用。（十二）运营责任划分。一般情况下，项目的运营由项目公司负责。但是在一些PPP项目，特别是公共服务和公用设施行业下的PPP项目中，项目的运营通常需要政府方的配合与协助，如垃圾处理项目中的垃圾供应等。原则上在具体项目中需要根据双方在运营方面的能力及控制力来具体分析，由最有能力且最有效率的一方承担相关的责任。（十三）运营期违约事项和处理。项目合同应明确各方在运营期违约行为和违约责任的认定。（十四）公众监督。为保障公众知情权，接受社会监督，PPP项目合同中通常还会明确约定项目公司依法公开披露相关信息的义务。关于信息披露和公开的范围，一般的原则是，除法律明文规定不予公开的信息外，其他信息一律公开。

## 十二、社会资本方移交项目

项目合同应约定将项目合作期届满前的一定时期（如12个月）作为过渡期，并约定其安排，以保证项目顺利移交。可以约定：过渡期的起止日期、工作内容和进度、责任和工作机构与工作机制。对于合作期届满时的项目移交，项目合同应约定以下事项：（一）移交方式，明确资产移交、经营权移交、股权移交或其他移交方式；（二）移交范围，如资产、资料、产权等；

（三）移交验收程序；（四）移交标准，如项目设施设备需要达到的技术装填、资产法律状态等；（五）移交的责任和费用；（六）移交的批准和完成确认；（七）其他事项，如项目人员安置方案、项目保险转让、承包合同和供货合同的转让、技术转让及培训要求；（八）移交质量保证，明确移交保证期限、保证责任、移交质保金或保函的安排，可与履约保证结合考虑，包括质保金数额和形式、保证期限、移交质保金兑取条件等。

## 十三、项目公司股权变动的限制

社会资本往往会利用自身的品牌、管理水平、技术和经济能力获得PPP项目，实施PPP项目过程中实际是由社会资本方和政府方共同设立一个项目公司负责具体建设、运营等相关事宜，但是项目的实施仍主要依赖于社会资本自身的综合实力。鉴于此种情形，若项目公司自身或其母公司的股权结构发生变化，则可能会导致不合适的主体成为PPP项目的投资人或实际控制人，进而有可能会影响项目的实施。实践中，政府应当在选择项目社会资本合作方前对其社会资本的融资能力、技术能力、管理能力等资格条件进行系统评审。通常情况下，股权变动或行权的情形可能存在以下两种情形：（一）转让股权、并购或增发等其他方式导致股权变更。社会资本方根据公司法的规定，将其拥有项目公司的股权直接或间接地转让给合同以外的第三方，或收购其他公司股权，或增发新股等其他方式导致或可能导致项目公司股权结构或母公司控股股东发生变化的情形。（二）在PPP项目公司股权设置中有可能存在普通股、优先股在行权过程中适当予以限制，如表决权的行使。

在PPP项目实践中通常的做法有以下四点：（一）在PPP项目合同中会约定，在一定期限内，未经政府方批准，项目公司及其母公司不得在合同生效之日至运营日的一定期限内（通常至少至项目运营期届满或缺陷责任期届满）发生股权变动。若政府方参股了项目公司，则政府转让其在项目公司的股权不受社会资本方约束需要在合同中予以明确。（二）约定在政府方同意股权变动时，需对受让方的资格、相应的权利义务予以适当限制。（三）为了保证项目合同全面履行，约定一个股权变动限制的兜底性条款，即其他任何可能导致股权变更的事项，都需要政府方同意。（四）一旦违反股权变动条款，就可以认定社会资本方构成根本性违约，视为情节严重，政府方将有权因该违约行为行使解除合同的权利。

## 十四、履约担保

履约担保是指在工程项目中，发包人在招标文件中规定的要求承包人提交的保证履行合同义务的担保。它是工程发包人为防止承包人在合同履行过程中违反合同约定，并弥补发包人的经济损失所采取的措施。在PPP项目实践中，为了更好地实现物有所值原则，在具体项目中是否需要公司提供履约担保、需要提供何种形式的履约担保以及担保数额，均需要具体分析和评估。一般所选用的担保方式为能够担保项目公司履约，且在出现违约的情形下政府方能够追索到相应的损失或为了促使合同正常履约而采用的措施。政府方为了确保项目公司能够履约，通常会希望项目公司或其承包商、分包商就其履约义务提供一定的担保。

履约担保的方式一般包括银行保函、保证金以及其他形式的履约保证，其中银行保函在PPP项目实践中是最为常见，也是最为政府方接受的一种履约担保方式。银行保函，也被称作银行保证书，是指银行根据申请人的申请而开立的有担保性质的书面承诺文件，如果申请人未按其受益人签订的合同的约定偿还债务或履行约定义务时，由银行履行担保责任。为了担保项目公司根据PPP合同约定的时间、质量实施、履行义务，政府可以要求项目公司提供一个或多个保函，具体包括建设期的履约银行保函、运营维护期的履约银行保函、移交维修的银行保函。与此同时，在签订PPP项目合同时，政府还可能要求项目公司提供投标保函、担保合同前提条件成就的履约保函。在一些PPP项目中，为了确保项目公司能够按照规定的时间达成融资交割等PPP项目合同约定的其他条件，政府可能会要求项目公司在签署PPP项目合同之前向其提交一份履约保函，以担保合同前提条件成就。该保函通常在PPP项目合同条款全部生效之日即被返还并失效。

## 十五、政府承诺

为了确保PPP项目的顺利进行，明确约定政府在PPP项目实施过程中的主要义务，但由于PPP项目的特点和合作内容各有不同，需要政府承担的义务有可能完全不同。在PPP项目合同中，一般赋予政府的义务，基本都是由政府主管的职责或由其办理能够保证PPP项目高效完成。政府在PPP项目合同中常见的承诺内容有：（一）付费或补助；（二）负责或协助获取与项目相关土地的权利；（三）提供相关链接设施；（四）办理有关政府审批手续；（五）防止不必要的竞争性项目，即唯一性条款。在采用使用者付费机制的项目中，由于项目公司的成本回收和收益取得与项目的实际需求量直接挂钩，为降低项目的需求风险，确保项目能够顺利获得融资支持和稳定回报，项目公司通常会要求在PPP项目合同中增加唯一性条款，要求政府承诺在一定期限内不在项目附近新建竞争性项目。

## 十六、保险

保险是投保人根据合同约定，向保险人支付保险费，保险人对于合同约定可能发生的事故所造成的财产损失承担赔偿保险金责任，或者当被保险人死亡、伤残、疾病或者达到合同约定的年龄、期限作为给付保险金责任的商业保险行为。保险人通过收取保险费的形式建立保险基金，用于补偿自然灾害或意外事故发生时给付保险金的一种经济补偿制度。常见的工程保险种类有四种：财产保险、责任保险、保证保险和人身保险。具体险种有建筑工程一切险、安装工程一切险、承包商机械设备保险、职业责任险、意外险、货物运输保险、施工机具综合保险、第三者责任险和雇主责任险，其中建筑工程一切险和安装工程一切险是主要险种。承包商机械设备保险可以单独投保，也可以附加于建筑工程一切险和安装工程一切险中。第三者责任险，不单独投保，一般附加于建筑工程一切险和工程一切险或其他险种；职业责任险则是对专业工程师在工作中的错误或失误所造成的财产或人员损失的保险；工程质量保险则是对已竣工交付使用的建筑进行保险；雇主责任险保障的是雇主可能承受的对雇员的经济赔偿；人身意外伤害保险则是为建筑业职工提供的保障；施工机具综合保险是指在工程建设、安装、运营、测试期间，就项目公司选定的承包商自有或租赁的施工机具的损坏或灭失的可保风险进行投保。

大多数PPP项目合同会约定由项目公司承担购买和维持保险的相关义务，同时项目公司应当以政府方及其指定的机构作为被保险人进行投保，在取消保险单、不续展保单或对保单做重大修改等事项发生时提前向政府发出书面通知。由于保险条款的变更可能对项目风险产生影响，一般情况下，合同中规定未经政府方同意，不得对保险合同的重要条款作出实质性变更，如保险范围、责任限制以及免赔范围等。

## 十七、政府方的介入权和监督权

由于PPP项目主要涉及地方基础设施等公益项目，从政府履行公共管理职能的角度出发，政府需要对项目执行的情况和质量进行必要的监督与控制，甚至在某些情形发生时，政府方可能要对项目实施临时接管措施。在PPP项目合同履行实践中，政府方在项目实施过程中可以根据合同约定行使介入权和监督权。

（一）政府方的介入权。在一些PPP项目合同中可以约定政府方在特定情形下直接介入项目实施的权利，如紧急情况发生或者项目公司违约，在此违约可以区分为一般违约、重大违约和根本违约，并分别制定不同类型的介入措施。政府方的介入权是在发生符合合同约定情形下的行为而采取的监管措施，通常适用于发生短期严重的问题且该问题需要被快速解决，而政府方在解决该问题上更有优势和便利的情形。政府方的介入权并非只有在违约情况下才可以采取的干预措施，在非违约情形下也可以行使。但需要注意的是，介入权是政府的一项可以选择的权利，而非必须履行的义务。

1.紧急情况非违约行为的政府介入。为了保证项目公司履行合同不会受到不必要的干预，政府方在一般情况发生后可以行使介入权的情形。（1）存在危及人身健康或生命安全的；（2）发生紧急情况，且政府合理认为该紧急情况将会导致严重财产损失或造成环境污染，并且会影响项目的正常实施。如果发生上述情形，政府方可以选择介入项目的实施，但其在介入项目之前必须按PPP项目合同中约定的通知程序提前通知项目公司，并且应当遵守合同中关于行使介入权的约定。

2.项目公司违约情形下的介入。如果政府方在行使监督权时发现项目公司违约，如项目进度缓慢或其他可能导致项目迟延或中止以及达到政府方行使解除权的情形，政府方通常应在介入前按照PPP项目合同的约定书面通知项目公司并给予其一定期限自行补救措施；如果项目公司在约定的期限内仍无法补救，政府方才有权行使其介入权。

根据社会资本方或项目公司有无过错，政府方行使介入权可能导致不同的法律后果：在项目公司无过错的情形下，政府方行使介入权的法律后果是，（1）在政府方介入的范围内，如果项目公司的任何义务或工作无法履行，那么这些义务或工作可能被免除；（2）政府方介入的期间内，如果是采用政府付费机制的项目，政府方仍应当按照合同约定支付服务费或其他费用；（3）因政府方介入引发的所有额外费用均由政府承担。在项目公司有过错情形下，政府方行使介入权的法律后果是：（1）政府方或政府方指定第三人将代项目公司履行其违约所涉及的部分义务，并从合同款项中扣除该部分费用；（2）在项目公司为上述代为履行事项提供必要协助的前提下，在政府方介入的期间内，如果是采用政府付费，那么政府方仍应按照合同约定就不受违约影响部分的服务或产品支付费用；（3）任何因政府方介入产生的额外费用均由项目公司承担，该部分费用可从政府付费中扣减或者由项目公司另行支付；（4）如果政府方的介入仍然无法补救项目公司的违约，那么政府方仍有权根据项目合同约定提前行使解除或终止项目合同的权利。

（二）政府方的监督权。在项目从建设到运营的各个阶段，为了能够更好地了解项目进展、确保项目能够按照合同约定履行，政府方通常会在PPP项目合同中规定各种方式的监督权利，这些监督权通常散见于合同的不同条款中。需要特别说明的是，政府方的监督权必须在不影响项目正常实施的前提下行使，否则将会违背PPP项目的初衷。常见的政府方监督权包括：

1.了解项目进展的权利。在PPP项目合同中通常会约定项目公司有义务定期向政府提供有关项目实施的报告和信息，以便政府方及时了解项目的进展情况。政府方的上述知情权贯穿项目实施的各个阶段，每一阶段知情权的内容和实现方式也会有所不同，具体包括：建设期——审阅项目计划和进度报告。在项目正式开工以前（有时在合同签订前），项目公司有义务向政府提交项目计划书，对建设期间的重要节点作出原则性规定，以保障按照该工程进度在约定的时间内完成项目建设并开始运营。在建设期间，项目公司还有义务定期向政府提交项目进度报告，说明工程进度及项目计划的完成情况。有关上述项目计划和进度报告的格式与报送程序，应在PPP项目的合同条款或者附件中予以明确约定。运营维护期——审阅运营维护手册和有关项目运营情况的报告。在开始运营之前，项目公司通常应编制项目运营维护手册，载明生产运营、日常维护以及设备检修的内容、程序和频率等，并在开始运营日之前报送政府备查。在运营维护期间，项目公司通常还应定期向政府报送有关运营情况的报告或其他相关资料，如运营维护报告（说明设备和机器的现状以及日常检修、维护状况等）、严重事故报告等。此外，有时政府还会要求项目公司定期提交经审计的财务报告、使用者相关信息资料等。

2.进场检查和测试的权利。在PPP项目合同中，有时也会规定在特定情形和一定限制条件下，政府方有权进入项目现场进行检查和测试。政府方行使进场检查和测试权不得影响项目的正常实施，并且受制于一些特定的条件，如需要遵守一般的安全保卫规定，并且不得影响项目的正常建设和运营；履行双方约定的合理通知义务后才可入场；仅在检查建设进度、监督项目公司履约情况等特定目的下才有权进入场地；等等。

3.适宜控制的权利。有时政府方也希望在建设承包商或者运营维护分包商的选择上进行一定程度的把控。通常可能采取两种途径：（1）在合同中约定建设承包商或运营维护分包商的资质要求。但须特别注意，上述要求必须是保证本项目建设质量或者运营质量所必需的且合理的要求，不得不合理地限制项目公司自行选择承包商或分包商的权利。（2）事先知情权。要求项目公司在签订工程承包合同或运营维护合同前事先报告政府方，由政府方在规定的期限（如5个工作日）内确认该承包商或分包商是否符合上述合同约定的资质要求；如果在规定期限内，政府方没有予以正式答复，则视为同意项目公司所选择的承包商或分包商。需要特别说明的是，在PPP项目中，原则上项目公司应当拥有选择承包商和分包商的充分控制权。政府方对于项目质量的控制一般并不依赖于对承包商及分包商选择的直接控制，而是通过付费机制和终止权利来间接把控项目的履约。例如，如果项目质量无法达到合同约定的标准，项目的付费就会被扣减，甚至在严重情形下，政府方可以终止项目。

4.投资的权利。在PPP项目实践中，为了更直接地了解项目的运作以及收益情况，政府也有可能通过直接参股项目公司的方式成为项目公司股东，甚至董事（即使政府所持有的股份可能并不多），以便更好地实现知情权。在这种情形下，原则上政府与其他股东相同，享有作为股东的基本权益，同时也需履行股东的相关义务，并承担项目风险，但是经股东协商一致，政府可以选择放弃部分权益或者可能被免除部分义务。有关政府与其他股东的权利义务安排，通常会规定在项目公司的股东协议中。

## 十八、不可抗力

《中华人民共和国民法典》第一百八十条规定，因不可抗力不能履行民事义务的，不承担民事责任。法律另有规定的，依照其规定。不可抗力是不能预见、不能避免且不能克服的客观情况。不可抗力条款是PPP项目合同中一个重要的免责条款，用于明确一些双方均不能控制且无过错的事件的范围和后果。在PPP项目实践中，通常会在合同中明确约定以下内容：（一）不可抗力的类型和范围。比如，自然灾害，如台风、地震、洪水、冰雹；政府行为，如征收、征用；社会异常事件，如罢工、骚乱等。（二）不可抗力事件的认定和评估。项目合同应约定不可抗力事件发生后的各方权利义务，如及时通知、补救措施，以最大限度地减少损失或避免损失扩大。（三）不可抗力事件发生后的处理。项目合同应根据不可抗力事件对合同履行造成的影响程度，选择以下处理方式：（1）延长工期；（2）免除违约责任；（3）费用补偿；（4）免予履行；（5）解除合同。

## 十九、违约行为的处理

违约责任是一方当事人不履行合同义务或者履行合同义务不符合约定的，应当承担继续履行、采取补救措施或者赔偿损失等违约责任。在PPP项目合同中一般会约定，哪些行为可能导致违约，以及违约行为的法律后果，但是有的违约行为的发生并不能直接导致项目合同的解除或终止，是否能够行使解除权或终止合同取决于项目合同中的约定标准是否达到根本性违约或解除及终止的条件。在PPP项目实践中，不同的PPP项目合同对于违约行为的界定方式不同，有的是简单列举，有的是概括，有的是概括加列举等方式，无论采取哪种方式，项目合同主体都应当在谈判、起草过程中对哪些事项构成根本性违约或达到解除或终止合同履行的条件进行认真梳理，并在PPP项目合同中明确约定。政府方的违约行为大概有如下情形：（一）未按合同约定期限或金额支付相关费用，并达到根本性违约行为；（二）发生政府方可控的政府行为，如征收或征用；（三）其他违反PPP项目合同项下义务，并导致项目公司无法履行合同的情形。项目公司违约行为大概有如下情形：（一）项目公司资金严重出现问题，导致资不抵债或面临破产状况的；（二）项目公司未按照既定计划建设项目、开始运营或者严重影响项目进度的情形出现，并经责令改正且改正或改正后效果不明显的；（三）项目公司未按照合同约定的要求或标准提供产品或服务，情节严重或造成严重后果的；（四）项目公司其他违反合同约定的情形。

项目合同可以约定违约行为的处理程序，如违约发生后的确认、告知、赔偿等救济机制，以及上述处理程序的时限。

当事人在未履行合同义务或者履行合同义务不符合约定义务时，一般要承担相应的违约责任，同时还要采取补救措施或者在没有必要履行并解除或终止合同后，就部分履行完毕的合同内容如何处理在合同中明确约定。在PPP项目实践中，根据不同PPP项目的特性，在项目合同终止后一般会涉及回购义务和补偿的问题。原则上只有在项目公司违约导致项目终止的情形下，政府才有可能选择回购，但是回购并非义务性的规定。尽管有一些涉及公共利益的项目，政府约定了回购义务，但是一定要设置好回购的条件、程序以及损失的追偿。

有违约行为发生，就必然有主体承担违约行为的法律后果，承担的范围大致如下：（一）项目公司尚未偿还的所有贷款，包括但不限于剩余贷款本金、利息、逾期的罚息等；（二）社会资本方投资资金和费用的支出；（三）因项目终止所产生的费用，包括但不限于承包商的违约金、劳动者的补偿金；（四）项目公司的利润损失。

对于不可抗力导致合同终止的情况，原则上是由双方共同分摊风险。

对于项目公司违约并导致合同解除或终止的，如果项目涉及公众利益，政府有义务回购的，那么就应当约定回购补偿计算方法。在PPP项目实践中，有两种方法供大家参考：（一）市场价值法，即按照合同项目终止时的市场价值计算补偿法，适用于已经有类似的项目；（二）账面价值法，即按照项目资产的账面价值计算补偿金额，这种计算方法比较简单，注重资产本身，但需要进行专项审计和评估。

## 二十、争议解决

PPP项目设计的参与方众多，尤其是在PPP项目合同中，由于政府方是合同一方当事人，而且项目合同中约定的项目基本都属于基础设施或公共服务领域，涉及社会公共利益，所以在履行PPP项目合同时，应尽量严格按照约定履行，如果没有约定事项可以参照法律规定，选用商业惯例，通过上述途径仍然不能解决的，可以采取以下五种方式予以解决：

（一）协商。一旦发生争议，争取通过友好协商的方式予以解决。协商条款可以约定参与协商的主体、协商的原则、协商的程序、协商好的问题与解决路径，以及不履约的法律后果等条款。

（二）调解。可以自行选择一个中立的第三方或者相关的调解机构处理争议事宜。

（三）专家裁决。对于PPP项目中涉及的专业性或技术性纠纷，也可以通过专家裁决的方式解决。专家裁决通常适用于对事实无异议，仅需进行某些专业评估的情形。负责裁决的独立专家，可以由双方在PPP项目合同中予以委任，也可以在产生争议之前共同选定。

（四）仲裁。1994年8月31日颁布的《中华人民共和国仲裁法》标志着我国仲裁法律制度的确立。仲裁是指平等主体之间在纠纷发生前或发生后达成书面仲裁协议，自愿将他们之间的合同争议纠纷提交仲裁委员会仲裁，并遵守仲裁委员会各项规则和履行仲裁裁决的一种纠纷解决方式。

（五）诉讼。民事诉讼是公民之间、法人之间、其他组织之间以及他们相互之间因财产关系和人身关系提起的民事诉讼。在PPP项目合同中，虽然政府方也参与了项目合同，但是在合同性质上不属于行政行为，应当认定是平等的民事主体，因此适用《中华人民共和国民事诉讼法》的规定。如果发生争议，当事人可根据合同中的约定向有管辖权的人民法院提起诉讼。

## 第三节　PPP项目付费机制

付费机制是政府和社会资本合作的重要纽带，关系PPP项目的风险分配和收益回报，其既是政府和社会资本共同关注的事宜，也是PPP项目合同中的核心条款。不同PPP项目采用的付费机制可能完全不同，一般而言，在设置项目付费机制时需要遵循既能够激励项目公司妥善履行其合同义务，又能够确保在项目公司未履行合同义务时，政府能够通过该付费机制获得有效的救济。

设置付费机制时通常需要考虑以下几个方面因素：

一、激励性。付费机制应当能够保证项目公司获得合理的回报，以对项目公司形成适当、有效的激励，确保项目实施的效率和质量。

二、灵活性。鉴于PPP项目的周期长，为了更好地应对项目实施过程中可能发生的各种情形或状态，付费机制项下一般也需设置一定的变更或调整机制。

三、可融资性。对于需要进行融资的PPP项目公司，需考虑该付费机制在融资上的可行性以及对融资方的吸引力，避免项目中止或终止。

四、承受性。在多数PPP项目，尤其是采用政府付费和可行性缺口补助机制的项目中，财政承受能力关系到项目公司能否按时足额地获得付费，因此需要事先对政府的财政承受能力进行评估。

实践中，需要根据各方的合作预期和承受能力，结合项目所涉的行业、运作方式等实际情况，设置合理的付费机制。常见的付费机制主要包括三类，即政府付费、使用者付费、可行性缺口补助。

一、政府付费（Government Payment），是指政府根据社会资本或项目公司所提供的项目设施或服务完全履行项目合同而直接付费购买公共产品和服务。在政府付费机制下，根据项目类型和风险分配方案的不同，可依据项目的可用性、产品或服务的使用量以及质量向项目公司付费。政府付费是公用设施类、公共服务类项目中较为常用的付费机制。

（一）可用性付费（Availability Payment），社会资本或项目公司只要提供的设施或服务符合合同约定的性能标准即可获得政府支付的相关费用。可用性付费的基本原则是社会资本方或项目公司在符合我国法律强制性规定的前提下，直至项目建成且能够全面服务可用时才开始付款，但对于改造项目，有可能改造的同时也需要项目公司继续提供服务，在这种情形下，政府可能需要就项目公司继续提供的服务支付一定的费用。

符合以下条件的PPP项目，政府可以考虑采用可用性付费：1.相对于项目设施或服务的实际使用量，政府更关注该项目设施或服务的可用性，如体育场馆。2.相对于项目公司，政府对于项目设施或服务的需求更有控制力，且政府决定承担需求风险。例如，在学校PPP项目中，政府教育部门负责向各学校分配生源，其能够更好地管控学校设施的使用量，因此，政府可基于学校设施的可用性向项目公司付款，而无须考虑实际的学生人数。

在PPP项目中设置可用性付费时，需要考虑以下六个方面的要素：1.在PPP项目合同签订之前，政府方和社会资本方应当尽早确定不可用的认定标准。在设定不可用标准时通常还需考虑该标准是否符合项目的实际情况和特点，是否可以测量和监控，是否超出项目公司的能力范围等。2.在PPP项目合同中设置不同比例的扣减机制。设施或服务的重要程度决定扣减比例，这样的设置可以促进项目公司优先保证更为重要的设施或服务的可用性。3.在PPP项目中设置宽限期。这样的设置体现了纠错容错机制，保证了合同履行，当出现不可用的情形时，PPP项目合同中通常会给予社会资本或项目公司一定的宽限期，只有在该宽限期内社会资本方或项目公司仍然没有改正的，政府方才可以扣减相应的费用。4.在PPP项目合同中设置多次扣减的条款。如果不可用情形在宽限期结束后或宽限期结束后又持续一段时间，政府方可以设置在不同时间节点，一次或者多次扣减相应的费用，确保社会资本方或项目公司能够尽快恢复正常的设施或服务供给。5.如果某些服务或设施没有达到可用性要求，政府仍然需要使用，可考虑以下两种处理方式：一是如果政府的使用将导致项目公司无法纠正部分设施或服务的问题，则可以将受政府使用影响的部分服务或设施视为具有可用性；二是仅扣减部分，而非全部比例的政府付费。6.政府和社会资本方或项目公司可以在合同中明确约定在何种情况下或何种时间内暂停服务是认定不可用，且明确不支付相应费用。但是并非所有不可用情形均无须支付相应的费用，如政府单方决定提供合适的替代性服务、政府单方提出的变更或违约。

（二）使用量付费（Usage Payment），是指政府主要依据项目公司所提供的项目设施或服务的实际使用量来付费。在按使用量付费的项目中，项目的需求风险通常主要由项目公司承担。实践中，污水处理、垃圾处理等部分公用设施项目较多地采用使用量付费。在按使用量付费的PPP项目中，双方可以在项目合同签订前根据项目的性质、预期使用量、项目融资结构及还款计划等设置分层级的使用量付费机制，如设置最低使用量，即政府与项目公司约定一个项目的最低使用量，在项目实际使用量低于最低使用量时，不论实际使用量多少，政府均按约定的最低使用量付费。最低使用量的付费安排可以在一定程度上降低项目公司承担实际需求风险的程度，提高项目的可融资性。最高使用量，即政府与项目公司约定一个项目的最高使用量，在实际使用量高于最高使用量时，政府对于超过最高使用量的部分不承担付款义务。最高使用量的付费安排为政府的支付义务设置了一个上限，可以有效防止政府因项目使用量持续增加而承担过度的财政风险。需要特别强调的是，即使在设置最低使用量的情形下，政府仍然需要承担实际使用量低于最低使用量的风险；即使在设置最高使用量的情形下，实际使用量低于最高使用量时，政府付费的金额仍然会因实际使用量的变化而变化，需要政府进行合理的预算安排。

（三）绩效付费（Performance Payment），是指政府依据项目公司所提供的公共产品或服务的质量付费。在按绩效付费的项目中，政府与项目公司通常会明确约定项目的绩效标准，并将政府付费与项目公司的绩效表现挂钩，如果项目公司未能达到约定的绩效标准，则会扣减相应的付费。政府和项目公司应当根据项目的特点与实际情况在PPP项目合同中明确约定适当的绩效标准。设定绩效标准时，需要考虑以下因素：1.绩效标准是否客观，即该标准是否符合项目的实际情况和特点，是否可以测量和监控等。这是绩效付费能否有效实施的关键要素。2.绩效标准是否合理，即该标准是否超出项目公司的能力范围，是否为实施本项目所必需等。这是项目融资方的核心关之一。在按绩效付费的项目中，应当专门编制绩效监控方案并将其作为PPP项目合同的附件，以明确项目公司的监控义务、政府的监控措施以及具体的绩效标准。为了对项目公司形成有效约束，PPP项目合同中应当明确约定未达到绩效标准的后果。例如，1.政府扣减付费。PPP项目合同中通常会根据设施或服务在整个项目中的重要程度以及未达到绩效标准的情形和影响程度分别设置相应的政府付费扣减比例。2.设置“递进式”的扣款机制。对于首次未达到绩效标准的情形，仅进行警告或少量扣款，但如果该情形在某段时期内多次发生，则会逐渐增加对于该情形的扣款比例，以促使项目公司及时采取补救措施。3.如果长期或者多次无法达到绩效标准，或者未达到绩效标准的情形非常严重，还有可能构成严重违约从而导致合同终止。

政府付费的调价机制。在长达20—30年的PPP项目生命周期中，市场环境的波动会直接引起项目运营成本的变化，进而影响项目公司的收益情况。设置合理的价格调整机制，可以将政府付费金额维持在合理范围内，防止过高或过低付费导致项目公司亏损或获得超额利润，有利于项目物有所值目标的实现。常见的调价机制包括：1.公式调整机制，是指通过设定价格调整公式来建立政府付费价格与某些特定系数之间的联动关系，以反映成本变动等因素对项目价格的影响，当特定系数变动导致根据价格调整公式测算的结果达到约定的调价条件时，将触发调价程序，按约定的幅度自动调整定价。常见的调价系数包括消费者物价指数、生产者物价指数、劳动力市场指数、利率变动、汇率变动等。调价系数的选择需要根据项目的性质和风险分配方案确定，并应综合考虑该系数能否反映成本变化的真实情况及是否具有可操作性等。2.基准比价机制，是指定期将项目公司提供服务的定价与同类服务的市场价格进行对比，如发现差异，则项目公司与政府可以协商对政府付费进行调价。3.市场测试机制，是指在PPP项目合同约定的某一特定时间，对项目中某项特定服务在市场范围内重新进行采购，以更好地实现项目的物有所值。通过竞争性采购程序，政府和项目公司将会协商更换此部分服务的运营商或调整政府付费等。上述的基准比价机制和市场测试机制通常适用于社会公共服务类项目，而很少出现在公共交通或者公用设施项目中，主要原因有两点：1.在公共交通或者公用设施项目中，项目公司的各项服务互相关联、难以明确分割，很难对某一项服务单独进行比价或市场测试；2.难以找到与该项目公司所处的运营情况、市场条件完全相同的比较对象。此外，政府在考虑采用基准比价机制和市场测试机制时还需注意，这两种调价机制既有可能减少政府付费金额，也有可能增加政府付费金额。

二、使用者付费（User Charges），是指由最终消费用户直接付费购买公共产品和服务。项目公司直接从最终用户处收取费用，以回收项目的建设和运营成本并获得合理收益。高速公路、桥梁、地铁等公共交通项目以及供水、供热等公用设施项目通常可以采用使用者付费机制。

PPP项目是否适合采用使用者付费机制，通常需要结合项目特点和实际情况进行详细、综合的评估。采用使用者付费机制的项目通常需要具备以下条件：（一）项目使用需求可预测。社会资本方只有在一定程度上确定其可以通过使用者付费收回投资成本并且获得合理收益的情形下，才有参与PPP项目的动机，因此项目需求量是社会资本进行项目财务测算的重要依据，项目需求量是否可预测以及预测需求量的多少是决定社会资本方是否愿意承担需求风险的关键因素。（二）向使用者收费具有实际可操作性。在一些项目中，项目公司向使用者收费可能并不实际或者并不经济。例如，在采取使用者付费机制的公路项目中，如果公路有过多的出入口，使车流量难以有效控制时，将会使采取使用者付费机制变得不具有成本效益，而丧失实际可操作性。（三）符合法律和政策的规定。根据相关法律和政策规定，政府可能对某些项目实行政府定价或者政府指导价。

使用者付费机制的优势在于，政府可以最大限度地将需求风险转移给项目公司，而且无须提供财政补贴，同时可以通过与需求挂钩的回报机制激励项目公司提高项目产品或服务的质量。其不足在于，除非需求量可预测且较为明确或者政府提供其他的补助或承诺，否则使用者付费项目的可融资性相对较低，如果融资难度和融资成本过高，则可能会导致项目无法实施；同时，由于项目公司承担较大的需求风险，在需求不足时，项目公司为了确保能够收回成本，有可能会要求提高使用费的定价或者变相降低产品或服务质量。

使用者付费的定价方式主要包括以下三种：（一）根据《中华人民共和国价格法》等相关法律法规及政策规定确定；（二）由双方在PPP项目合同中约

定；（三）由项目公司根据项目实施时的市场价格定价。

需求的价格弹性是指需求量对价格变动的敏感程度。实践中，政府参与定价需要考虑以下因素：（一）需求量对价格变动的影响，即使用者对约定价格的承受能力。（二）在综合考虑项目的实施成本、合作期限、预期使用量等因素的情况下，收费定价能否使项目公司获得合理的收益。（三）项目能否实现预期的社会和经济效益。（四）是否符合法律法规规定。

在PPP项目实践中，政府参与收费定价通常可以采取以下几种方式：（一）由政府设定该级政府所辖区域内某一行业的统一价。例如，水费、电费。由于该使用费定价无法因具体项目而调整，如果社会资本在提交响应文件时测算出有关使用费定价无法覆盖其成本，则通常允许其要求政府提供一定的补贴。（二）由政府设定该级政府所辖区域内某一行业的最高价。在具体项目中，项目公司仅能够按照该最高价或者低于该最高价的价格进行财务评估，如果社会资本在提交响应文件时测算出即使采用最高价也无法使其收回成本时，则通常允许其要求政府提供可行性缺口补助。（三）由双方在合同中约定具体项目收费的标准。（四）由双方在合同中约定具体项目收费的最高价。在一些情形下，使用者需求激增或收费价格上涨，将可能导致项目公司因此获得超出合理预期的超额利润。针对这种情形，政府在设计付费机制时可以考虑设定一些限制超额利润的机制，包括约定投资回报率上限，超出上限的部分归政府所有，或者就超额利润部分与项目公司进行分成等。但基本原则是无论如何限制付费机制，都必须能够保证项目公司获得合理的收益，并且能够鼓励其提高整个项目的效率。

三、可行性缺口补助（Viability Gap Funding），是指使用者付费不足以满足项目公司成本回收和合理回报时，由政府给予项目公司一定的经济补助，以弥补使用者付费之外的缺口部分。可行性缺口补助是在政府付费机制与使用者付费机制之外的一种折中选择。

可行性缺口补助的形式多种多样，实践中包括以下三种：（一）投资补助。针对项目建设规模较大，无法通过使用者付费完全覆盖时，政府可无偿提供部分项目建设资金，以缓解项目公司的前期资金压力，降低整体融资成本。政府的投资额应在制订项目融资计划时或签订PPP项目合同前确定，并作为政府的一项义务在合同中予以明确。（二）价格补贴。在涉及民生的公共产品或服务领域，为保障民众的基本社会福利，政府通常会对特定产品或服务实行政府定价或政府指导价。如果定价或指导价较低导致使用者付费无法覆盖项目的成本和合理收益，政府通常会给予项目公司一定的价格补贴，如地铁票价补贴。（三）政府还可通过无偿划拨土地，提供优惠贷款、贷款贴息，投资入股，放弃项目公司中政府股东的分红权，以及授予项目周边的土地、商业等开发收益权等。

# 第三章

# 社会资本方的法律尽职调查

# 第一节　法律尽职调查的概念、作用、原则

## 一、法律尽职调查的概念

尽职，顾名思义是指做好职责范围内应做的事。“尽职调查”一词来源于英美法中的案例法。《布莱克法律词典》中尽职调查是指通常一个人在其调查过程中寻找合适的法律要求或解除义务时应保持的合理谨慎。法律尽职调查最早用于对证券市场上投资人的保护，随着资本市场发展，尽职调查的适用范围越来越广泛，如收购、合作、发债等领域，为目标公司投资兴业提供决策依据。关于尽职调查，美国1933年证券法中规定，如果当事人没有尽职调查的，则有可能要对投资者承担民事损害赔偿责任；在并购交易中，如果当事人没有进行或没有做好尽职调查，则要承担投资失败的风险。尽职调查是指通过书面审查、现场查验、面谈、查询、查证、实地调查、计算、复核、访问、网络查询等方法，对目标公司的历史和现状的主体资格、股权结构、管理架构、控股股东及实际控制人情况、资金和资产情况等方面进行调查了解。法律尽职调查，是指在政府和社会资本合作项目过程中，调查社会资本方及其股权或相关资产为交易标的的商业计划或交易中（包括但不限于新设投资、股权融资、债券融资、收购、兼并、重组、资产购买、股权转让等交易形式），律师事务所接受政府方的委托，拟对社会资本方进行全面调查，并从法律角度进行分析和判断后形成的法律尽职调查报告，供政府方决定是否与社会资本方合作提供法律咨询意见的过程。

## 二、法律尽职调查的作用

（一）法律尽职调查能够帮助政府方了解社会资本方的资产、经营、业务、信用、合规等基本情况。

（二）法律尽职调查能够为委托方使用评价拟进行的PPP项目合作的可行性的参考，提示政府方谨慎注意该PPP项目合作中是否存在重大瑕疵，或者是否存在其他可能阻碍PPP项目合作实施的情形。

（三）法律尽职调查能够帮助政府方合理地调整PPP项目合作方的选择，使PPP项目顺利进行。

（四）法律尽职调查能够帮助律师就发现的问题为政府方提供法律方面的解决方案、意见或建议。

（五）法律尽职调查能够帮助政府方更准确地确定PPP项目合作前期工作，调查了解社会资本方资信、财务状况、履行合同的经验和能力等。

## 三、法律尽职调查的原则

（一）审慎性原则。审慎性原则是指在法律尽职调查过程中，在可行的限度内以及政府方的指示及社会资本方授权范围内对其依法调取的信息进行充分谨慎的核查、验证、鉴别，对社会资本方提供的信息或在法律尽职调查过程中调取的其他信息存有疑问或异议的，律师应主动与社会资本方或相关当事人进行核实，要求其作出合理解释或提供相应的依据。如发现社会资本方提供的信息与尽职调查过程中获得的信息存在显著区别的，律师则应对有关事项进行独立调查、复核，保证在合法取证的基础上对各种证据作出法律判断。

（二）重要性原则。重要性原则是指在法律尽职调查过程中，可以根据社会资本方的资产状况、业务范围、单位规模、信用程度、财务状况等具体情况，与社会资本方商定尽职调查中可能会涉及的主要财产、重大合同、其他重大债权债务关系、诉讼、仲裁或行政处罚等事项的核查范围与核查标准，对可能严重影响政府方作出决策的重大事项，应充分发挥其专业能力和水平进行深入调查，并在尽职调查报告中予以适当披露。

（三）专业性原则。专业性原则是指在法律尽职调查过程中，应根据政府方的需要向其提供专业的法律意见和建议，避免遗漏对重要事实和信息的调查核实，或对事实进行隐匿，或进行虚假、歪曲的表述。

## 第二节　法律尽职调查的基本方法

为了掌握及了解企业的真实情况和详细信息，需要政府方律师从多方面、多角度去调查和收集资料、信息，并通过对各种材料及信息的比较，发现存在的问题，检验被调查对象的诚信及提供资料的真实性。同时，政府方律师可以采用查阅文件、档案、与社会资本方及关联方访谈、实地调查或现场考察等方式进行调查，通过公开信息渠道了解相关线索。法律尽职调查的基本方法有很多，律师应根据不同的查验事项及核查对象选择合理的查验方法，包括但不限于面谈、书面审查、实地调查、查询和函证、计算、复核等方法，并根据存疑则追加核查方的原则，确保所披露的文件真实、准确、完整。在司法实践中，一般会采取以下方法进行。

### 一、背景调查

（一）通过互联网、纸质媒介公开披露的有关社会资本方的宣传介绍及其他资料。网络检索、公开媒体的查询、政府部门、行业协会官方网站的查询是其他方式的有效佐证和补充，律师应利用该等方式对委托人整体背景资料、无独立第三证据证明的事实以及存疑事项进行核查。

（二）资料检索。如政府部门报告、公告；行业年鉴、期刊；行业协会网站；等等。

## 二、现场调查

（一）向社会资本方发送法律尽职调查问卷清单，经社会资本方同意后，查阅、复制、摘抄社会资本方的档案材料及其他文字资料和文件材料，并尽可能要求被调查方予以书面确认其真实性。要求社会资本方及其控制的或有关联的主体提供书面凭证，是尽职调查最基本的方法。社会资本方是提供书面凭证的主体，应以书面方式说明其提供的资料真实、准确、完整。需证明的事实需要其他资料支持或印证的，不能以社会资本方及其控制的或有关联的主体提供的书面凭证作为认定事实的唯一依据。

（二）约见被调查方的管理层或业务人员配合调查有关情况，并制作谈话笔录。对某些无法以书面文件作出支持的事实进行访谈，尤其是对社会资本方及其委托的工作人员进行访谈时，访谈内容必须明确、具体，并能够反映律师得出结论的经过，而非仅仅就是否存在事实进行询问。

（三）对被调查方的经营场所进行实地考察，了解社会资本方的生产、经营情况，并制作笔录。必要时，可赴社会资本方的重要供应商、客户的经营场地进行现场核查。

## 三、独立调查

（一）通过社会资本方的注册登记机关调查其成立、变更、年检、注销、吊销等情况。确认社会资本方的主体信息以及历史沿革资料，指派律师应向相关市场监督管理部门调取全套工商登记资料，并加盖工商登记资料查询证明章。工商登记资料与社会资本方自行提供的资料有冲突的，以工商登记资料为准。因特殊情况无法亲自调阅工商登记资料的，应寻求其他替代方式，但不得仅依靠社会资本方提供的工商登记资料作为认定事实的唯一依据。

（二）通过有关登记机关调查社会资本方不动产的转让、抵押和权益的质押等情况以及车辆、船舶、航天航空器、机器设备等需要登记动产的抵押情况及股权质押情况。

（三）通过社会资本方所在地政府及其所属相关职能部门进行调查。

（四）通过社会资本方的债权债务人的调查，需要其他第三方进行确认的事项，指派律师应通过访谈、函证的方式进行。第三方接受访谈但不愿意出具确认文件的，或第三方不接受访谈的，指派律师应当制作笔录并通过摄影等方式进行佐证。

（五）通过委托相关专业机构进行调查。

如上述法律尽职调查方法在程序性或实质性上有困难或障碍的，建议律师确定解决方案及时向政府方报告，并与社会资本方加强沟通，以取得政府方和社会资本方在法律尽职调查过程中的支持。

## 第三节　法律尽职调查基本流程

### 一、接受委托

政府方指定由自身或聘请的法律、财务、会计等方面的专家组成尽职调查小组，其中专业的可以聘请第三方中介机构，如律师事务所、会计师事务所或审计事务所等。

与政府方的事先沟通。既可以当面沟通，也可以电话或电子邮件的方式进行沟通，对尽职调查的目的，社会资本方的基本情况、委托前的利益冲突调查、委托事项、服务范围、工作方式、工作成果的形式及交付、服务期间、律师费用、政府方和社会资本方的配合义务、保密事项等实质性内容进行沟通确认，并签订委托合同。

与社会资本方的初步沟通。初次见面沟通应当听取企业情况，包括出资情况、经营发展情况、重大合同等事项，同时还需社会资本方配合政府方律师出具相关的授权委托书或介绍信到政府部门调取相关档案等协助性工作；政府方律师根据社会资本方阐述的企业情况，制作并提供尽职调查清单，详细说明每一条的重要性；政府方律师承诺或与社会资本方签署保密协议。政府方律师明确告知社会资本方负责人，收到社会资本方公司的资料不外传，知悉的商业秘密或信息不泄露，确保社会资本方信息安全；与社会资本方确定尽职调查工作具体安排时间。

## 二、法律尽职调查前的背景调查

为更好地把握尽职调查的重点，律师应根据受托的业务起草尽职调查清单，提交给社会资本方，社会资本方把所有相关资料收集在一起并准备资料索引，指定专人配合尽职调查，并将相关资料有序排放到保密室或办公室。法律尽职调查清单内容包括但不限于以下事项：

（一）社会资本方的基本情况及历史沿革。

（二）社会资本方的资质证照及行政审批、处罚事宜。

（三）社会资本方的股权质押、抵押情况。

（四）社会资本方的资产及所有者权益情况。

（五）社会资本方的负债及信用情况。

（六）社会资本方的知识产权及重大商业秘密情况。

（七）社会资本方的对外投资及担保情况。

（八）社会资本方的经营管理（组织架构、治理结构、规章制度、人力资源、薪酬、主要业务内容、未来发展方向规划等）情况。

（九）社会资本方的诉讼、仲裁或其他纠纷情况。

（十）社会资本方的商业信息调查情况。

律师可通过审阅政府方与社会资本方的前期接洽、合作备忘录等信息，结合互联网等独立检索方式，对与法律尽职调查有关的、涉及社会资本方商业计划或投资的信息进行初步了解。建议律师向政府方明确，商业信息调查仅作为律师法律尽职调查之参考，而非其工作和责任范围，且不作为尽职调查的最终结论和依据。

（十一）法律检索研究。

律师应在大致了解社会资本方商业信息的基础上，就其法律风险点进行梳理研究。

（十二）社会资本方与政府方商定的其他事项。

法律尽职调查清单是为了协助政府方律师对公司进行尽职调查而草拟的，随着尽职调查的深入，政府方律师有可能需要社会资本方提供进一步的文件，因此，法律尽职调查清单的六点说明如下：

1.如果社会资本方根据本清单提供给政府方律师的文件所载事实有变动，或社会资本方收到了新的有关文件，那么请社会资本方及时向政府方律师提供有关事实变动的说明及有关文件的副本；

2.对于清单中的有些要求，如果社会资本方没有现成的文件，可提供叙述性的书面材料；

3.若清单中的有关文件根本不存在或不适用，则请说明无此类文件；

4.本清单所要求提供的文件，均包括附件及对等文件进行的修改和补充；

5.清单中有重大协议或重大诉讼的评估标准为：单份合同或单一诉讼的标的额超过300万元，或者金额虽未达到300万元但对社会资本方的生产经营至关重要或有重大影响；

6.若清单中不同序号的文件相同，那么可只在一处提供文件，而在另一处注明详见××号文件。

## 三、现场尽职调查

律师在完成尽职调查前的背景检索并制作尽职调查问卷后，现场尽职调查有助于政府方、律师与社会资本方的管理层及相关负责人进行交流互动，对社会资本方进行直观和全面的了解，主要包括但不限于以下调查方式：

（一）收集文件。

1.律师可以根据法律尽职调查清单的内容收集文件，必要时可与社会资本方各部门负责人进行沟通，并要求对相关文件进行解释。

2.律师在收集文件时需注意其完整性、真实性。

3.律师需注意收集的文件、信息来源，对于一些无法通过现有文件说明的情况，可请社会资本方以书面方式予以总结、回答，并加盖社会资本方公章，作为尽职调查文件的一部分。

4.根据尽职调查清单与社会资本方一一核实，并办理交接手续，制作交接清单。

5.召开协调会。本项流程不是每项尽职调查工作都需要制作的，而是根据工作推进程度和沟通进展情况，并就相关问题进行磋商，确保工作有序推进。

6.律师需根据具体情况制作工作底稿，在社会资本方仅开放资料库不允许复印材料时，对于提供的文件，需首先分析其法律性质及其影响，再重点整理摘录，并在工作底稿中对该等情况加以注明。对于可以复印材料的尽职调查，制作工作底稿有助于对社会资本方各方面进行宏观了解，为后续管理层访谈工作的开展提供便利。对于通过独立调查取得的信息，包括对官方网站及专业数据库的检索，建议保留相应的记录。

7.在社会资本方提供电子数据材料时，律师应当提醒其做好信息保密工作。

（二）人员访谈。进一步与企业负责人沟通，发现问题线索，可以采取实地调查和与相关人员访谈等措施。在对社会资本方进行法律尽职调查过程中，律师可根据具体需要与社会资本方负责人及其他人员进行会谈，对社会资本方经营的各个业务领域进行了解，对于无法通过书面文件证明的方面进行口头沟通和确认，对在审阅被调查方已提供文件中发现的问题与相关知情负责人进一步了解和核实。建议对访谈过程和内容进行详细记录，并将其作为工作底稿的一部分。

（三）实地调查。律师应对法律尽职调查中的一些特殊方面（如社会资本方的不动产、生产场所），在审核书面证明文件的基础上进行实地调查，以验证社会资本方相关文件的准确性及完整性。

（四）独立调查。独立调查是指在法律尽职调查过程中，律师无须在社会资本方的同意及协助下，以现有的合法可行的方式，从相关政府部门调取社会资本方的信息，以验证其是否完整、准确、真实，以及是否反映社会资本方目前的实际情况。

1.律师可通过调取工商登记机关的企业内档核查社会资本方的基本情况，包括股权结构、公司章程、股权质押等材料，也可通过其他机关调取社会资本方其他资产的基本情况，如土地、房产、车辆及其他不动产或动产等权益是否抵押、查封等权益变动情况。

2.律师可通过相关主管部门的数据及办事系统的检索核查社会资本方各类证照的完整性、真实性。

3.律师可通过对国家知识产权局、国家商标局网站、中国互联网信息中心网站、中国版权保护中心网站的检索核查社会资本方所持有的专利权、商标权、域名、软件著作权等知识产权及其他无形资产情况。必要时，应向相关政府部门申请查阅和核实知识产权最新的准确状态。

4.律师可通过法院官方网站或专业数据库查询社会资本方是否有涉诉情况。

5.政府方律师可根据调查结果出具初步尽职调查报告，简要对决定社会资本方价值有重要异议的事项，尽职调查报告应反映尽职调查中发现的实质性的法律事项，如资质、财务状况、有无重大诉讼等。

6.根据政府方和社会资本方的合作意向书，确认尽职调查事项，并进行详细缜密的尽职调查，政府方律师对收到的资料进行研究判断后，如需进一步了解，应再一次起草尽职调查清单，依此类推，直至查明情况为止。

## 第四节 法律尽职调查的内容

### 一、社会资本方主体依法成立并合法存续

公司是依法设立，以营利为目的的，有独立的法人财产，享有法人财产权。公司以其全部财产对公司的债务承担责任。中国境内成立的公司必须向公司登记机关提交下列文件：

（一）公司法定代表人签署的设立登记申请书；

（二）全体股东指定代表或者共同委托代理人的证明；

（三）公司章程；

（四）股东的主体资格证明或者自然人身份证明；

（五）载明公司董事、监事、经理的姓名、住所的文件以及有关委派、选举或者聘用的证明；

（六）公司法定代表人任职文件和身份证明；

（七）企业名称预先核准通知书；

（八）公司住所证明；

（九）市场监督管理总局规定要求的其他文件。法律、行政法规或者国务院决定规定设立有限责任公司必须报经批准的，还应当提交批准文件。

设立公司，应当依法向公司登记机关申请设立登记，符合公司法规定的设立条件的，由公司登记机关分别登记为有限责任公司或股份有限公司，并由

公司登记机关发给公司营业执照。公司营业执照签发日期为公司成立日期。公司凭公司登记机关核发的企业法人营业执照刻制印章，开立银行账户，申请纳税登记。综上所述，公司在公司登记机关登记公司名称、住所、法定代表人姓名、注册资本、公司类型、经营范围、营业期限、有限责任公司股东或股份有限公司发起人的姓名或者名称等事项，并依法登记领取企业法人营业执照后，方取得企业法人资格。

公司成立以后应当每年1月1日至6月30日，通过企业信用信息公示系统向公司登记机关报送上一年度年度报告，并向社会公示。若没有出现公司解散情形的，则公司合法存续。公司解散有下列情形：

（一）公司章程规定的营业期限届满或者公司章程规定的其他解散事由出现；

（二）股东会决议解散；

（三）因公司合并或者分立需要解散；

（四）依法被吊销营业执照、责令关闭或者被撤销；

（五）公司经营管理发生严重困难，继续存续会使股东利益受到重大损失，通过其他途径不能解决的，持有公司百分之十以上表决权的股东，可以请求人民法院解散公司。

公司出现上述的解散事由的，应当在十日内将解散事由通过国家企业信用信息公示系统予以公示。

公司法律关系包括公司、股东、董事、监事、经理与公司外部人相互之间发生的各种各样的法律关系。根据公司工商登记材料、企业年度报告公示文件及历次工商年检。关于公司有效存续需要重点审查公司设立时全体股东的出资是否及时到位，出资方式是否合法，是否存在出资不实、抽逃出资等情形。对作为出资的非货币财产应当评估作价，核实财产，不得高估或低估作价，并将用作出资的非货币财产依法办理其过户手续。如果是无形资产出资的，也应当由具有相应资质的评估机构予以评估，将评估确定的价值作为出资，并依法过户至公司名下。

## 二、社会资本方公司的设立与历史沿革

### （一）社会资本方公司的设立

公司设立主要是论证社会资本方公司的设立程序、资格、条件、方式符合《中华人民共和国公司法》等法律、法规和规范性文件的规定，并依法办理登记手续。

社会资本方应当提供以下资料供律师查阅：

1.社会资本方设立公司时发起人共同签署的协议。

2.自然人发起人的身份证明或单位发起人的营业执照和公司章程。

3.公司设立时的章程。

4.公司名称预核准通知书。

5.公司股东的出资名册、出资额、出资方式和出资时间。

6.公司设立时的验资报告。

7.股东以非货币资产出资的，对非货币资产的评估报告，且该等非货币资产已经过户到公司名下的证明文件。

8.公司设立时的股东名册。

9.公司设立时的批复、批准文件；公司设立时的企业法人营业执照（正副本）。

10.公司设立时法定代表人签发的股东出资证明书。

11.公司成立后相关政府部门核发的营业执照，组织机构代码，税务登记证（正副本、三证合一），银行开户许可证，贷款卡，企业信用报告，与环境、质量、安全有关的许可，认证文件及其他现行有效的各类批文或资质。

12.第一届第一次股东会、董事会、监事会会议文件及决议。

13.董事、监事、高级管理人员的简历、任职资格，以及职工大会选举职工监事的相关文件。

14.公司与其母公司、子公司、关联公司关系说明。

15.公司设立至今所有的工商登记资料。

16. 访谈调查笔录和其他有关文件。通过对被调查公司的主体资格相关资料的审核与了解，可以初步了解其基本结构与轮廓，对于其当前是否合法存续形成初步的判断。

## （二）社会资本方公司的历史沿革

公司历史沿革就是公司从设立至今的经营状况、发展历程、人事变动、业务范围变化等公司生命周期内所有的成长历程。法律尽职调查必须对公司的历史演变包括但不限于章程的变化、股权结构的变化等情况进行全面调查了解，以便于PPP政府方对社会资本方合作的全面了解。在PPP项目中，对历史沿革合法合规的要求为：股东历次出资到位，不存在虚假出资；股权清晰、最近五年实际控制人是否发生变化；最近五年主营业务是否发生重大变化。为了验证公司的历史演变是否合法合规以及是否符合公司章程的要求，需要对以下基础材料进行核实：

1. 律师论证社会资本方公司的发起人依法存续，自然人股东具有完全民事行为能力，担任发起人的资格、发起人股东人数、住所、出资比例符合《中华人民共和国公司法》等相关法律、法规和规范性文件的规定。

2. 律师论证社会资本方公司在变更过程中是否按照公司章程召开股东会、董事会、监事会，上述三会的召开程序、表决程序是否符合法律、行政法规和章程要求。

3. 律师论证股东历次股权变动合法、合规、真实、有效；股东的股份是否存在抵押、查封情况，以及抵押、查封是否合法。

4. 股权转让协议、增资减资的合法性、股权转让涉及国资或集体企业资产的，应注意是否履行国资或集体企业资产转让的程序是否合法。

5. 股权变更需要关注股本总额、股东结构和实际控制人是否发生变化，股东出资额是否到位。

6. 评估报告、审计报告、验资报告等的真实性、合法性需要核实。

## 三、社会资本方的股东、股权结构、股本及其演变

股东是向公司出资或认购股份，从而享有资产收益等股东权利的人。公司是企业法人，有独立的法人财产，享有法人财产权。公司以其全部财产对公司的债务承担责任。股权结构是指在公司总股本中，不同性质的股份所占比例及其相互关系。有限责任公司的股东以其认缴的出资额为限对公司承担责任，股份有限公司的股东以其认购的股份为限对公司承担责任。公司股东依法享有资产收益权、股东分红权、退股权、股东对瑕疵公司决议的诉权、股东代表诉讼权、股东累积投票权、股东的质询权、参与重大决策权和选择管理者等权利，但是其也有退股的权利，因此指派律师要对设立时股东的权利有无变化、股权结构有无变化以及股本总额的变化进行尽职调查。指派律师应当对以下文件进行查验：

（一）社会资本方设立时的公司登记申请材料。

（二）社会资本方股东对其货币出资来源的书面说明，必要时走访股东，并制作访谈笔录，取得该股东货币出资合法来源的初步证据。社会资本方股东对其非货币出资资产享有所有权，并对该资产进行了评估，同时依法转让给公司且过户至公司名下的相关证据材料。

（三）股东协议或公司章程设立的社会资本方的公司决策结构股东会、董事会、监事会的文件、运营管理的制度等相关文件。

（四）社会资本方因股权转让、公司合并或分立、增资或减资、股权抵押等变动的合法性、合规性、真实性和有效性需要查验相关文件，如股东会决议、董事会决议、变动后股东出资证明、变动后的股东名册以及社会资本方每次股权变动后的工商变更登记的原件。

## 四、社会资本方的独立性

法人具有民事权利能力和民事行为能力，依法独立享有民事权利和承担民事义务。法人的本质是其能够与自然人同样具有民事权利能力，成为享有

权利、承担义务的民事主体。《中华人民共和国民法典》以法人成立目的的不同为标准，将其分为营利法人、非营利法人和特别法人。公司要以自己的名义签约、履约，并以其全部资产对公司债务承担民事责任、行政责任或刑事责任。实践中，主要从以下几个方面审查公司的独立性：

（一）资产独立性。公司资产是公司因经营所需而购置或以其他方式取得的财产。在法律尽职调查过程中，律师应当论证社会资本方的资产完整性，如社会资本方是否具备与生产经营有关的生产设施设备、辅助生产系统和配套设施；是否合法拥有不动产权属；是否拥有知识产权或非专利技术的所有权或使用权；资产是否存在法律纠纷或潜在纠纷；等等。律师先行了解社会资本方正常生产经营所需的资产，并在此基础进行核查，查验包括但不限于以下文件：

1.社会资本方的重大资产清单；

2.现场查验社会资本方的生产经营设施、设备，制作查验笔录；

3.社会资本方大宗存货、重要原材料的购买合同、发票、价款支付凭证、交接确认文件等；

4.社会资本方用于出资的原始取得文件、过户凭证、交接确认文件等；

5.不动产权属的证明材料及相应的协议、支付对价凭证等；

6.知识产权权属的文件，必要时制作访谈笔录；

7.必要时实地查验，到登记机关查验相关权属证明的真实性；

8.社会资本方对资产完整性相关事项的书面说明。

（二）机构独立性。公司成立后应当建立健全组织机构、经营管理机构，包括公司的管理机构、业务机构，公司管理机构是形成公司决策，对内管理公司事务、对外代表公司进行业务活动的机构，如股东会、董事会、监事会等。律师应查验下列文件：

1.社会资本方的股东会、董事会等会议资料原件；

2.社会资本方控股股东、实际控制人及其控制的其他企业与社会资本方的管理机构、业务机构的相关文件、职责说明，必要时走访控股股东、实际控制人所在地，并现场制作查验笔录；

3.社会资本方各项规章制度及实际执行情况、相关记录文件的书面说明；

4.社会资本方各管理部门与业务部门的设置及运营情况的说明，并实地走访调查，现场制作调查笔录；

5.社会资本方对机构独立性相关事项的书面说明。

（三）人员独立性。社会资本方的董事、监事、高级管理人员（总经理、副总经理、经理、副经理）等人员是否在控股股东或实际控制人其他企业任职或领取报酬。

（四）财务独立性。社会资本方的公司有无建立健全财务制度体系、财务核算体系、报销体系以及公司是否独立作出财务决策，有无规范分公司、子公司财务，并制定相应的制度。

1.财务文件。提供近五年审计的财务报表（资产负债表、利润表、现金流量表）、会计账册、凭证、银行存款、实收资本、资本公积金及盈余公积金、营业收入、成本、费用、其他业务利润及营业外收支、各项债权与债务、存货、固定资产、在建工程、长（短）期借款、有效的税务登记证；过去五年社会资本方或下属企业所缴纳的税费的主要种类、税率和税额；提供有关税收减免政策的批准文件、享受优惠待遇的记账凭证、税务分担协议和社会资本方或下属企业自公司成立以来的有关重大税务问题的文件和情况说明。

2.历年股利政策和发放情况。股利又称红利，是指公司依据股东协议约定和公司章程约定，在弥补亏损，提取法定公积金、任意公积金并缴纳税收后分配给股东的利润。股利政策是指公司股东会或董事会对一切与股利有关的事项，所采取的较具原则性的做法，是关于公司是否发放股利、发放多少股利以及何时发放股利等方面的方针和政策，所涉及的主要是公司对其收益进行分配还是留存以用于再投资的策略问题。一项好的股利政策不仅可以树立良好的公司形象，而且能激发广大投资者对公司持续投资的热情，从而能使公司获得长期、稳定的发展条件和机会。通过公司股利政策和正常发放股利分析，可以在一定程度上确认公司财务报表的真实性和可靠性，也可以了解公司对投资者的态度，以及公司未来发展战略、融资需求等相关信息。

（五）业务独立性。社会资本方的业务是否独立于控股股东、实际控制人及其控制的其他企业，与控股股东、实际控制人及其控制的其他企业间不得有同业竞争或者显失公平的关联交易。

## 五、社会资本方的关联交易及同业竞争

（一）关联交易。关联方是指在企业财务和经营决策中，如果一方控制、共同控制另一方或对另一方施加重大影响，以及两方或两方以上同受一方控制、共同控制或重大影响的，包括如下：该企业的母公司；该企业的子公司；与该企业受同一母公司控制的其他企业；对该企业实施共同控制的投资方；对该企业施加重大影响的投资方；该企业的合营或联营企业；该企业的主要投资者个人及与其关系密切的家属成员。主要投资者个人，是指能够控制、共同控制一个企业或者对一个企业施加重大影响的个人投资者；该企业或母公司的关键管理人员及与其关系密切的家庭成员。关键管理人员，是指有权力并负责计划、指挥和控制企业活动的人员。与主要投资者个人或关键管理人员关系密切的家庭成员，是指在处理与企业的交易时可能影响该个人或受该个人影响的家庭成员；该企业主要投资者个人、关键管理人员或与其关系密切的家庭成员控制、共同控制或施加重大影响的其他企业。

律师应当尽职查验以下文件或事项：

社会资本方提供的关联方清单；人民银行出具的社会资本方信用报告，包括社会资本方关联方企业的信息；走访相关人员，并制作访谈笔录。

与社会资本方共同出资设立社会资本方子公司的股东与社会资本方间是否存在关联关系、关联交易及其他协议安排的说明、走访相关单位和个人，并制作访谈笔录。

社会资本方主要股东、董事、监事、高级管理人员、核心技术人员以及财务人员是否在社会资本方控股股东、实际控制人控制的其他企业、单位任职或领薪情况说明。

社会资本方的工商登记资料、控股股东、实际控制人控制或有重要影响的其他企业、单位或组织的工商资料原件（包括但不限于营业执照、公司章程），必要时走访关联企业、单位及相关人员，并制作笔录。

社会资本方及其母子公司制定或通过的关联交易决策管理制度及其他与发行人关联交易有关的制度。

与社会资本方所涉关联交易相关内容的股东会、董事会会议资料原件，应包含关联方就关联交易回避表决的有关资料。

社会资本方与关联方签署的关联交易协议原件及协议履行情况、协议价款支付凭证，社会资本方就关联交易实施中是否存在纠纷或潜在纠纷的书面说明（如存在纠纷的，应说明对发行人业务经营的影响及解决措施），必要时走访政府相关部门、相关人员，并制作访谈笔录。

社会资本方就关联交易发生的原因、必要性、合理性、真实性的说明、就关联交易定价依据及定价是否公允的说明，必要时走访社会资本方相关负责人，并制作访谈笔录、关联交易的审议程序，与关联方关联交易价格与市场同类交易价格的对比分析及定价说明。

社会资本方应当披露的关联交易内容如下：购销商品、买卖有形或无形资产；兼并或合并法人；出让与受让股权；提供或接受劳务；代理；租赁；各种采取合同或非合同形式进行的委托经营；提供资金或资源；协议或非协议许可；担保或抵押；赠与、债务重组、许可协议、合作研究与开发或技术项目的转移；向关联方人事支付报酬；合作投资设立企业；合作开发项目；其他对PPP项目有重大影响的交易。社会资本方如果存在关联关系，应当说明关联关系交易的内容、数量、金额是否存在损害公司及其他股东利益的情况及关联关系是否公允。

（二）同业竞争。社会资本方控股股东、实际控制人及其控制的其他企业、持有社会资本方5%以上股份的股东及其控制的其他企业主营业务情况的说明，包括业务、技术、人员方面是否相同、相似或重复，是否存在上下游关系。社会资本方为避免同业竞争采取的措施，包括但不限于资产转让、股权转让的相关协议、价款支付情况、转让标的实际登记、交接情况、社会资本方控股股东、实际控制人变更及其出资结构调整情况。

## 六、社会资本方的主要财产

企业自由财产主要包括固定资产和流动资产。这部分资产是指企业现存的所有固定资产和流动资产，包括但不限于注册资本、利润。指派律师需要查验以下文件：

（一）不动产，主要包括土地和房产。土地情况需要根据土地性质（出让、划拨、集体、租赁）提供相应的土地权属性质文件、坐落位置、面积、取得的对价、权限年限、担保（抵押、质押、留置）、债权、诉权（未诉讼或已进入诉讼或仲裁等情况）；房产情况需要提供所有的房产信息，包括但不限于房屋权属、坐落位置、建筑面积、取得方式、担保（抵押、质押、留置）、债权、诉权（未诉讼或已进入诉讼或仲裁等情况）、物业设施；如果存在在建工程的权属，则应当提供投资计划、资金来源、建设用地规划许可证、工程规划许可证、施工许可证、建设周期、开工日期、竣工日期、进展情况等资料。

（二）知识产权，包括但不限于专利、商标、品牌、版权、技术，作为非货币出资的需要评估并办理过户或转移至公司名下方为出资到位。由此法律尽职调查对知识产权的情况应了解如下内容：知识产权归属主体，如是否属于出资人所有，有无相关权属证明或注册文件；知识产权共有人的同意意见书；知识产权有无争议，即诉讼或仲裁等涉诉情况。

（三）重大资产变化。公司及其控制的公司在日常经营活动之外购买、出售资产或通过其他方式进行资产交易，导致公众公司的业务、资产发生重大变化的资产交易行为，如资产重组、资产并购、购买或出售主要资产达到一定比例，足以对公司生产经营产生影响的行为；公司设立至今有无合并、分立、增资扩股、减少注册资本、收购、回购或出售资产等行为；公司是否进行资产置换、资产剥离、资产出售或收购等行为；公司的重大资产（包括但不限于土地、厂房、主要生产设备、机器设备、办公设备、原材料等）；

这里着重强调下列载于公司财务记录上但不在公司掌握和控制范围内的资产清单及其相关文件，这些情形包括但不限于出租、出借、留置、被采取查封、扣押等。

（四）设施设备和办公所需的车辆等固定资产，主要包括设备名称、品种、类别、原有价值、折旧后的价值、数量等基本数据。

（五）设定了担保权益或优先权的财产，具体包括抵押物、留置物、出质物；担保灭失后产生的保险金、补偿金、赔偿金等代位物以及依照法律规定存在优先权的财产。

## 七、重大合同

对合同的审查应贯穿对社会资本方公司各方面情况的调查过程中，对于合同的性质、标的、权利义务不同情况的合同，审查侧重点不同，可以从尚在履行合同、不完全履行合同或全面履行合同分类审查，如标的额在300万元以上的买卖合同、工程建设合同、设计合同、销售合同、管理合同、技术合同、顾问服务合同、知识产权转让或许可协议、放弃价值重大的索赔或权利的任何协议，对应收账款作出重大的降低或放弃的材料、与涉外企业签订的所有合同、协议或其他书面文件；与供应商或客户订立的代理、经销、批发、零售金额超过公司最近会计年度年收入5%的所有协议、公司与关联人之间的任何合同。

审查合同主要从以下六个方面着手：（一）合同的有效性；（二）合同中约定的期限、主要条款是否存在缺陷、权利义务是否对等、违反合同承担何种违约责任；（三）合同是否可以转让；（四）合同在什么情况下可以解除或终止，及其具体条件；（五）是否有特别的表决、审批及通过程序的条款；（六）争议解决方式。

通过对企业重大合同及其履行情况的全面审阅、调查，可以基本了解企业生产经营、对外投资、借款及担保，以及合同履行中存在的法律风险，从而对企业基本的经营状况作出适当的评估与判断。

## 八、社会资本方的重大债权债务

债权是得请求他人为一定行为（作为或不作为）的民法上的权利。债务是指债权人向债务人提供资金，以获得利息及债务人承诺在未来某一约定日期偿还这些资金和利息。债权债务都不能单独存在，否则失去意义。根据《中华人民共和国民法典》第五百五十七条规定，有下列情形之一的，债权债务终止：

（一）债务已经履行；

（二）债务相互抵销；

（三）债务人依法将标的物提存；

（四）债权人免除债务；

（五）债权债务同归于一人；

（六）法律规定或者当事人约定终止的其他情形。

合同解除的，该合同的权利义务关系终止。综上所述，被指派律师应当就以下事项对社会资本方进行尽职调查：

（一）被指派律师应披露社会资本方的重大合同是否合法有效，合同履行是否存在法律障碍，对政府方项目合作是否存在潜在的风险。如果存在潜在风险，是否对政府方PPP项目合作产生重大不利影响。

（二）社会资本方的公司是否有因环境保护、知识产权、产品质量、劳动安全、人身权等原因产生的侵权之债；如果有，是否对社会资本方的公司生产经营造成重大不利影响，且是否存在严重损害政府方PPP项目合作的情况。

（三）社会资本方的公司与关联人、股东、职工之间是否存在重大债权债务关系，是否存在担保或互保情况，是否存在债务偿还拖欠情况等。特殊情况下，社会资本方应就是否存在其他重大债权债务关系及提供担保情况出具说明。

（四）社会资本方的公司目前金额较大的其他应收、应付款项系因正常的生产经营活动发生，以及合法有效的相关文件。

## 九、社会资本方的重大资产变化及收购兼并

社会资本方的重大资产变化可通过其资产负债表直观地反映出来。资产负债表是对公司整体状况的概括性描述，能反映出公司的财务状况。其是对各项资产的变动进行的记载，如货币资金、应收款项、存货、固定资产，还有其他流动资产。因此指派律师论证社会资本方的公司从设立至今发生的合并、分立、增资扩股、减少注册资本、资产剥离、资产置换、重大资产收购或出售符合法律、行政法规或公司章程的规定，已履行了必要的法律手续。被指派律师应当尽职查验以下文件或事项：

（一）社会资本方的公司及交易对方关于资产收购、出售以及其他重大资产重组作出的包括但不限于董事会决议、股东会决议等文件；

（二）社会资本方的重大收购、出售及其他重大资产重组协议；

（三）社会资本方重大资产收购、出售及其他重大资产重组的政府批准文件的原件、审计报告、评估报告；

（四）社会资本方重大资产收购、出售以及其他重大资产重组协议实施履行的证明文件原件、资产转让对价实际支付凭证。

## 十、社会资本方的公司章程与修改

公司章程是记载公司宗旨、经营范围、资本来源、组织结构、公司行为、公司名称等内容，规范公司的组织和行为，对公司、股东、董事及其他高级管理人员具有约束力的规范性文件，在公司登记机关登记在册的公司章程具有对抗第三人的效力。由于公司章程的制定和修订程序需要符合当时有效的法律、法规和规范性文件的规定，所以被指派律师应当在法律尽职调查时查验以下文件或事项，同时取得登记机关备案的文本，并关注股东签署情况：

（一）社会资本方的公司各阶段制定的章程及此后历次修改的章程；

（二）社会资本方的公司历次修改的章程程序性文件，如股东会决议、董事会决议、上级管理部门的批复文件等；

（三）社会资本方的公司历次章程的制定、变更等情况，必要时走访相关备案登记的政府部门，并制作访谈笔录。

## 十一、社会资本方股东会、董事会、监事会议事规则和规范运作

股东会是公司的最高权力机关，它由全体股东组成，对公司重大事项进行决策，有权选任和解除董事，并对公司的生产经营管理有广泛的决定权。董事会是依照法律、行政法规或公司章程设立的，其对股东会负责并报告工作，对外代表公司的经营决策机构。股东会所作的关于公司重大事项的决议，董事会必须执行。公司董事由股东会选举产生，董事会中可以有职工代表。监事会的设立是为了保证公司正常有序有规则地经营，保证公司决策正确执行，防止滥用职权，危及公司、股东及第三人的利益。监事会与董事会并立，独立地行使对董事会、总经理、高级管理人员及整个公司管理的监督权。

股东会、董事会、监事会应当依据《中华人民共和国公司法》和公司章程的规定设置议事规则与规范运作。指派律师应当尽职查验以下文件或事项：

（一）社会资本方按照《中华人民共和国公司法》的有关规定设立股东会、监事会、董事会、总经理等高级管理人员及公司各部门，社会资本方具有健全的法人组织机构；

（二）社会资本方具有符合相关法律、法规和规范性文件规定的股东会、董事会、监事会议事规则；

（三）社会资本方股东会、董事会、监事会的召开程序符合相关法律、法规和规范性文件的规定，股东会、董事会、监事会的决议内容及签署合法、合规、真实、有效，股东会或董事会的授权或重大决策等行为合法、合规、真实和有效。

## 十二、社会资本方的董事、监事和高级管理人员及其变化

有限责任公司董事会成员为三人以上，其成员中可以有公司职工代表。规模较小或者股东人数较少的有限责任公司可以不设董事会，设一名董事，行使本法规定的董事会的职权。该董事可以兼任公司经理。职工人数三百人以上的有限责任公司，除依法设监事会并有公司职工代表外，其董事会成员中应当有公司职工代表。董事会中的职工代表由公司职工通过职工代表大会、职工大会或者其他形式民主选举产生。董事任期由公司章程规定，但每届任期不得超过三年。董事任期届满，可以连选连任。董事任期届满未及时改选，或者董事在任期内辞任导致董事会成员低于法定人数的，在改选出的董事就任前，原董事仍应当依照法律、行政法规和公司章程的规定，履行董事职务。董事辞任的，应当以书面形式通知公司，公司收到通知之日辞任生效，但存在前款规定情形的，董事应当继续履行职务。

规模较小或者股东人数较少的有限责任公司，可以不设监事会，设一名监事，行使本法规定的监事会的职权；经全体股东一致同意，也可以不设监事。监事会成员为三人以上。

监事会成员应当包括股东代表和适当比例的公司职工代表，其中职工代表的比例不得低于三分之一，具体比例由公司章程规定。监事会中的职工代表由公司职工通过职工代表大会、职工大会或者其他形式民主选举产生。董事、高级管理人员不得兼任监事。监事的任期每届为三年。监事任期届满，可以连选连任。监事任期届满未及时改选，或者监事在任期内辞任导致监事会成员低于法定人数的，在改选出的监事就任前，原监事仍应当依照法律、行政法规和公司章程的规定，履行监事职务。

高级管理人员，是指公司的经理、副经理、财务负责人，PPP项目公司董事会秘书和公司章程规定的其他人员。

董事、监事、高级管理人员应当遵守法律、行政法规和公司章程的规定。董事、监事、高级管理人员对公司负有忠实义务，应当采取措施避免

自身利益与公司利益冲突，不得利用职权牟取不正当利益。董事、监事、高级管理人员对公司负有勤勉义务，执行职务应当为公司的最大利益尽到管理者通常应有的合理注意。下列人员不得担任公司的董事、监事、高级管理：

（一）无民事行为能力或者限制民事行为能力；

（二）因贪污、贿赂、侵占财产、挪用财产或者破坏社会主义市场经济秩序，被判处刑罚，或者因犯罪被剥夺政治权利，执行期满未逾五年；

（三）担任破产清算的公司、企业的董事或者厂长、经理，对该公司、企业的破产负有个人责任的，自该公司、企业破产清算完结之日起未逾三年；

（四）担任因违法被吊销营业执照、责令关闭的公司、企业的法定代表人，并负有个人责任的，自该公司、企业被吊销营业执照、责令关闭之日起未逾三年；

（五）个人因所负数额较大的债务到期未清偿，被人民法院列为失信被执行人。

违反前款规定选举、委派董事、监事或者聘任高级管理人员的，该选举、委派或者聘任无效。董事、监事、高级管理人员在任职期间出现本条第一款所列情形的，公司应当解除其职务。

指派律师应当论证社会资本方报告期内历次董事、监事、高级管理人员的变化均履行了相应的程序，律师应当尽职查验以下文件或事项：

（一）董事、监事、高级管理人员具备法律、法规及规范性文件规定的任职资格，已经了解与PPP项目合作有关的法律、法规；

（二）社会资本方报告期内涉及社会资本方变更董事、监事、高级管理人员的股东会、董事会、监事会全部会议文件，包括但不限于会议通知、会议议案、会议决议、会议记录、签到表、选票等，要求查验原件且历次连贯性，确保没有遗漏；

（三）公司登记机关关于历次董事、监事、高级管理人员变更的备案文件，要求向公司登记机关管理部门调取，加盖该部门印章，并应与变更的会议文件相对应，必要时走访相关部门及人员，制作谈话笔录。

## 十三、社会资本方的业务发展规划

企业未来发展规划是企业为谋求进一步的发展壮大而拟订的计划书，在分析研究企业未来所面临的外部市场竞争环境和内部条件的基础上，以发展的眼光，对企业未来发展布局、经营目标、投资方向、重大投资项目、业务发展模式及计划、实施步骤等作出阶段性的、系统而全方位的谋划。一般而言，企业的发展规划至少应当包括以下内容：

（一）外部环境及市场研究

1.宏观经济环境、政策环境研究；2.国家产业政策研究；3.企业产品或服务的市场研究；4.行业背景及发展前景研究；5.竞争对手情况研究；6.行业生存及发展所面临的困惑及问题。

（二）内部条件

1.企业核心竞争力及市场竞争优势；2.企业目前存在的问题及进一步发展所需要的资源要素。

（三）企业未来3—5年的发展规划

1.企业增扩产能的计划及所需要素计划；2.企业新增投资项目及其商业计划书、可行性研究报告；3.企业并购重组目标及商业计划书；4.企业对外业务合作及研究合作计划、共同开发计划及其可行性研究报告；5.其他有关未来发展的详细规划及可行性研究报告。

正常可以通过以下工作对上述发展规划予以认证：1.查阅公司股东会和董事会的会议记录与决议，了解有关公司发展规划；2.与公司董事、监事、高级管理人员谈话，询问公司发展战略；3.询问公司未来3—5年的业务发展目标、发展计划和具体措施；4.调查公司实现目标和计划的主要措施和手段；5.调查公司最近三年业绩和可能影响公司持续生产经营的不利因素或重大风险。

## 十四、诉讼、仲裁或行政处罚

诉是指告诉、申诉、控告的意思和行为；讼是指要由人民法院裁决的法律行为，如民事诉讼、刑事诉讼和行政诉讼。诉讼是指国家审判机关即人民法院，依照法律规定，在当事人和其他诉讼参与人的参加下，依法解决讼争的活动。诉讼的功能不仅是对过去发生的事实的发现，更要通过诉讼的过程建立起过错与责任、犯罪与刑罚之间的联系，从而向公民传递一种应当如何行为的信息和追究责任。

仲裁是指由双方当事人协议将争议提交第三方，由该第三方对争议的是非曲直进行评判并作出裁决的一种争议解决方法。仲裁不同于诉讼和审判。仲裁需要双方自愿，一般是当事人根据其之间订立的仲裁协议，自愿将其争议提交由非司法机构的仲裁员组成的仲裁庭进行裁判，并受该裁判约束的一种制度。仲裁活动和法院的审判活动一样，关乎当事人的实体权益，是解决民事争议的方式之一。

行政处罚是指行政机关依法对违反行政管理秩序的公民、法人或其他组织，以减损权益或增加义务的方式予以惩戒的行为。

社会资本方或下属企业列表说明涉及的重大诉讼、仲裁、索赔等情形的，并附相关文书；社会资本方或下属企业存在被政府有关部门调查或行政处罚的情形，如消防、卫生、劳动、规划、安监等部门的调查或行政处罚。

被指派律师应当尽职查验社会资本方及其控股子公司或分公司、控股股东、实际控制人、董事、监事、高级管理人员是否存在重大诉讼、仲裁以及行政处罚案件。

## 十五、劳动保障

社会资本方或下属企业与员工签署的劳动合同情况、社保和公积金缴纳情况、董监高人员签订的所有合同或补充协议、员工股权激励计划的有关文件；员工的福利待遇情况。

## 十六、业绩调查

社会资本方或下属企业参与过的PPP项目情况调查包括如下内容：

（一）项目基本文件。政府立项批文；可行性研究报告及其批复文件；交易结构；投融资结构及政府相关部门同意项目公开招商融资的批文；与城市发展总体规划的匹配性；项目实施机构；项目拟用的工艺、技术；规划用地的使用权证明，现有房产及其他设施的权属证明；建设规划情况；建设期及经营期；项目基本投资情况，如资金来源、总投资金额、投资周期及投资回报、商业模式；政府相关部门授权参与；前期费用，如土地征收费用；失地补偿费用；搬迁及地上物补偿费用；三通一平费用；项目是否已经进驻建设或进入哪个阶段；PPP项目享有的税收优惠政策；土地是出让还是划拨。

（二）交易结构。盈利模式是否已确定：使用者付费还是可行性缺口补助；政府承诺确定：在多大范围内不再批准建设类似项目的同业竞争问题；是否收费及收费标准，价格调整启动机制；各项保证金：履约保函、运营维护保函、采购保证金；相关部门对于本项目的书面文件：各种会议纪要、发改、税务、规划、电力等部门的征求意见或复函；项目是否存在其他收费模式，如广告经营权。

（三）运作方式确定，如BOT、BOO、ROT。

（四）物有所值评价及财政承受能力。商业用水电气收费标准；政府前五年的财政收入数据；该项目后期运营工作人员的工资待遇；有无预期收益率；物有所值评价小组成员确定；评审小组、谈判小组成员确定；其他涉及财政的说明。

（五）对社会资本方的要求。主体要求：资质、项目负责人；业绩要求确定，有无特别要求；财务要求确定；其他要求。

（六）采购方式选择。有无意向让社会资本介入，资质要求；是否已经选定社会资本，有无法定文件支持；是否已经开工建设，项目设计规划；融资意向单位，洽商的会议纪要；资格预审安排，条件及程序的设置，评审标准的确定；公开招标或磋商，PPP模式的投标形式设置、评分标准设置。项目合作协议、项目公司股东协议、项目合同、融资协议、保险合同、建设工程合同、监理合同等法律文件。

（七）保障措施。是否设立PPP中心或者设立PPP项目领导小组。

（八）时间推进安排。工程建设里程碑的时间节点设置，履约保障。

（九）运营管理。运营规范体系，确保达到预期目标。

（十）项目移交。移交团队的组成；移交的职责；移交的条件；未完成合同的承继。

## 十七、融资借贷材料

社会资本方或下属企业的人民币和外汇账户对应的信息，最近年度的年报或半年报、借款协议、清单明细及贷款人、借款金额、期限、利率、用途、还款情况等；以公司资产进行抵押、质押贷款的情况，并取得相关文件和资料，包括但不限于与其他公司签订担保协议或互相担保协议，提交与担保有关的主债务合同及履行情况的说明；提交股东会或董事会会议通知、会议程序、会议决议等相关资料、银行同意提供信用二度或贷款的协议、分期付款、融资租赁和其他融资计划的相关资料，公司接受债务人担保（反担保）的有关法律文件。如取得短期借款明细表和长期借款明细表，核查贷款单位、币种、贷款金额、贷款条件和利率、贷款期限、贷款资金用途等信息是否具备。对于逾期借款，核查未按期偿还的原因，预计还款期限及是否已办理了延期手续；对于取得短期借款和长期借款合同，了解大额借款的批准程序、核查借款是否已经授权批准；对于设置了抵押、质押或担保的借款合同，检查是否取得相应的递延、质押和担保协议；应付款项。了解大额应付款项的内容；对公司重大合同标准、调查的范围和方法进行协调，并共同进行调查；要求公司填报重大合同情况调查表，并取得公司所有正在履行或已经签订尚未履行的重大合同；获得公司全体董事的书面承诺，确认有关公司重大合同的信息均已披露，材料均已提供。

## 十八、投保情况

财产保险起源于海上保险，主要目的是填补被保险人实际损失，基本原则是损失补偿原则。我国保险法将财产保险具体分为财产损失险、责任保险、信用保险和保证保险四种。财产保险的保险标的为被保险人财产或者财产上的利益，根据损失补偿原则，财产保险合同约定的保险金额不得超过保险标的的保险价值，超过部分无效。尽职调查中通过对企业是否购买了财产保险进行全面核查，了解企业财产保险覆盖的广度、范围及险种，是否足额购买了财产保险，从而确认企业主要房产、机器设备等生产资料是否处于一种安全状态，一旦发生灾害能获得相应的救济保障。尽职调查应对企业购买财产保险的具体情况进行审核，具体审核的材料如下：

（一）购买保险的财产清单、险种、险别、保险费率、保险费支付情况；

（二）财产保险合同、申报材料，投保单、财产风险调查表、投保财产清单；

（三）续保情况；

（四）保险出险及赔付情况；

（五）社会资本方或及下属企业对有关保险情况进行说明并提供有关保单。

## 十九、审批许可

政府部门批准社会资本方经营范围内的经营许可事项、认证事项或所有有关外汇账户或交易的政府批准或授权文件。

# 第五节　法律尽职调查的报告

律师应根据政府方的要求及尽职调查的结果，提示政府方尽职调查过程中提出促进PPP项目合作的建议并制作法律尽职调查报告。

法律尽职调查报告的主要步骤如下：

## 一、审阅文件的注意事项

律师在审阅相关文件时需要对其完整性、真实性与合法性等进行谨慎的法律研究和咨询。

（一）注意调查文件复印件与原件的一致性；

（二）注意调查文件上的印鉴前后一致及变化的合理衔接；

（三）注意调查文件上的盖章、签字是否代表有关单位和个人的真实意思表示；

（四）注意调查文件中的间接证据，要调查的有关单位和人员，核实有关事实的陈述和记载是否真实、准确；

（五）注意调查文件签发时间与相关事实发生时间的合理衔接，排除社会资本方变造文件的可能性；

（六）对文件的完整性进行评估，判断是否有未取得的重要文件；

（七）对于客观依据，仅依据社会资本方陈述与说明来确定的，且对于法律尽职调查有重大影响的事项，应审查有无社会资本方对其陈述和说明的真实性与全面性的书面承诺；

（八）注意当调查中出现数据不一致情况时，应以效力较高的数据来源为准。

1.对具体问题进行法律分析。

在法律尽职调查过程中，律师不能仅停留在发现问题的层面，对于发现的问题，要进行法律分析（以及与社会资本方PPP项目合作的影响进行分析）。

2.判断发现的问题对PPP项目合作的影响。

律师应对所发现的问题是否构成对PPP项目合作的实质性障碍作出判断，若该等问题可能对交易构成实质性障碍，则建议及时提示政府方；对于发现的可以接受的问题，可以建议政府方根据不同问题的性质，将相应问题作为PPP项目合作的先决条件、陈述与保证、披露事项等。

## 二、法律尽职调查报告的撰写

律师可根据PPP项目合作的具体情况及政府方的要求，适当调整法律尽职调查报告的内容。一般而言，法律尽职调查报告内容包括但不限于：

### （一）尽职调查信息

对于尽职调查报告中核查的各个方面，律师应在尽职调查报告正文部分进行详细摘录及描述，并可以通过绘制公司产权关系图、组织结构图、资产关系图等，可视化地清晰整理出公司目前的产权关系、管理架构、资产等情况，内容做到全面和完整，与尽职调查问卷相结合，包括但不限于如下主要方面：

1.社会资本方主体依法成立并合法存续；

2.社会资本方的设立与历史沿革；

3.社会资本方的股东、股本及其演变；

4.社会资本方的独立性；

5.社会资本方的业务；

6.社会资本方的关联交易及同业竞争；

7.社会资本方的主要财产；

8.社会资本方的重大债权债务；

9.社会资本方的重大资产变化及收购兼并；

10.社会资本方的公司章程与修改；

11.社会资本方的股东会、董事会、议事规则及规范运作；

12.社会资本方的董事、监事和高级管理人员及其变化；

13.社会资本方的业务发展规划；

14.诉讼、仲裁或行政处罚；

15.劳动保障；

16.业绩调查；

17.融资借贷材料；

18.投保情况；

19.审批许可。

### （二）重大风险提示

律师对于在尽职调查过程中发现的重大风险，应在尽职调查报告文首以专章分析相关法律后果，提请政府方在进行决策时重点关注。

法律尽职调查报告的主要目的是揭示法律问题，进行法律风险警示，但一般不建议其中发表正式的法律意见。政府方就特定法律问题要求律师发表法律意见的，建议另行出具正式文书，发表专项法律意见。

### （三）附录信息

在尽职调查报告附录中，主要包含尽职调查文件清单、重大资产、主要负债明细表、重大经营合同摘录等信息。准备附录的目的在于对尽职调查报告的正文起到补充和支持作用，以便日后对相关问题进行查阅。

### （四）责任免除申明

建议律师在尽职调查报告中设定责任免除申明，对于客观材料无法核实，或仅依据社会资本方陈述与承诺作出的，或社会资本方提供的资料不允许复印或其他客观事实无法确认的情况作出的有关结论，应对影响该结论的因素予以适当披露并对出现的有关问题作出免责声明或条款。

### （五）工作底稿的整理和归档

工作底稿需要真实、准确、完整地反映整个尽职调查工作，且需内容完整、格式规范、记录清晰、结论明确。其应包括从社会资本方或第三方取得并经确认的相关资料，并注明资料来源还应有索引编号，相关工作底稿之间应保持清晰的勾稽关系。工作底稿完成后，应归档成册予以保存。

格式范例：

**×××律师事务所**

**关于×××市PPP项目合作的法律尽职调查报告**

**第一部分　引言**

一、尽职调查范围与宗旨

二、本所律师出具本报告的调查基准日

三、本所律师出具本报告的主要法律依据

四、本所律师法律业务尽职调查的基本方法

五、本所及律师特别申明和提醒

**第二部分　正文**

一、社会资本方的基本情况

（一）社会资本方基本情况

（二）历史沿革

（三）股权机构、控股股东和实际控制人情况

（四）公司组织结构和治理情况

（五）公司董事会、监事会及高级管理人员简介

（六）社会资本方的业务及资信情况

（七）社会资本方的独立性

（八）社会资本方关联交易及同业竞争情况

（九）社会资本方的主要财产及资产情况

（十）社会资本方的债权债务及重大资产变化

（十一）社会资本方的纳税情况

（十二）社会资本方的诉讼、仲裁及行政处罚

（十三）社会资本方与子公司、分公司等的投资关系

（十四）社会资本方业绩情况，包括建设、运营和移交等

（十五）社会资本方挂靠与被挂靠的情况

二、社会资本方基本财务状况

（一）社会资本方财务概况

（二）社会资本方财务分析（运营能力、盈利能力、现金流量、偿债能力）

（三）社会资本方最近三年经审计的合并资产负债表

（四）社会资本方最近三年经审计的合并利润及利润分配表

（五）社会资本方最近三年经审计的合并现金流量表

三、社会资本方的制度规范

（一）公司治理制度

（二）公司内部控制制度

（三）公司其他重大事项情况

四、PPP项目公司的基本情况

（一）拟组建的项目公司概况

（二）PPP项目公司投资决议、审批情况

（三）PPP项目的基本概况

（四）PPP项目筹集资金情况

（五）PPP项目资金使用计划与管理规定

（六）社会资本方偿债保证措施

**第三部分 结论意见**

综上所述，本所律师认为：

一、×××公司是合法成立且有效存续的企业法人，具备从事PPP项目合作资质的单位；

二、本次PPP项目已经获得了×××公司股东会、董事会同意，符合×××公司章程的对外投资程序；

三、×××公司在本次法律意见书出具时财务资金、资格和信誉良好，没有发现不良记载。

第四章

# PPP项目公司治理结构

# 第一节　公司治理的概念与内容

公司治理是先进的理念，也是谨慎的制度安排，更是自觉的商业实践。公司治理首先要了解企业合规，2006年，中国银监会颁布《商业银行合规风险管理指引》（已失效），自此，合规管理在我国金融企业率先开展起来；2016年，企业合规管理在中国移动等五家中央企业开始试点；2018年7月1日，中国国家质量监督检验检疫总局和国家标准化管理委员会ISO 19600：2014《合规管理体系指南》生效；2018年11月2日，中国国资委颁布实施《中央企业合规管理指引（试行）》；2018年12月26日，中国国家发展和改革委员会等七部委联合发布实施《企业境外经营合规管理指引》；2022年10月1日，国务院国有资产监督管理委员会制定的《中央企业合规管理办法》正式施行。这些合规管理文件的出台，标志着企业管理走向规范化道路。

企业合规管理自成一个完整的管理体系。企业合规管理体系是合规管理的基本框架和主要内容。其包括五大基本要素，即合规政策、合规管理部门的组织结构和资源、合规风险管理计划、合规风险识别和管理流程以及合规培训与教育制度。在本书中，笔者主要讲述合规风险管理体系中合规管理部门的组织结构。

公司治理是一种指导和控制企业的体系，公司治理结构明确了企业的不同参与者之间的权利和义务分配。投资者投资成立企业，目的是投资收益，就企业治理而言，亟须解决三个问题：

一、如何保证股东的投资回报，即协调股东与企业的利益关系。在所有权与经营权分离的情况下，由于股权分散，股东有可能失去控制权，企业被实际经营者控制。实际经营者控制了企业，内部人员有可能会作出违背股东利益的决策，侵犯股东的利益。企业治理结构正是要从制度上保证股东的控制与利益。

二、企业内各利益集团的关系协调。大股东与小股东之间的关系，股东会与董事会和监事会之间的关系，股东会与董监高之间的关系以及董监高之间的关系等。只有他们之间的关系处理好了，企业才能正常经营与发展，避免因高管决策失误给企业造成的不利影响。

三、提高企业自身抗风险能力。随着企业发展不断加速，企业规模不断扩大，发展风险逐步增加，合理的企业治理，能有效地缓解各利益关系冲突，增强企业自身的抗风险能力。

因此，公司治理可以归纳为以下内容：

一、通过公司设立协议或章程设计配置企业的控制权；

二、通过股东会、董事会及监事会设置来行使和监督公司的控制权；

三、通过实施对高、中管理层的约束机制对企业控制权进行约束和评价；

四、通过合理的关联交易防范企业滥用控制权的法律风险。

公司治理的核心特征在于公司治理的透明度、问责性、股东地位的平等与价值、公司的社会责任与民主制。公司治理需要人才，也需要好制度，更需要好文化。制度管理一群人，文化影响一代人。除了完善公司治理制度外，还要进一步弘扬公司治理的核心价值观，打造诚信、平等、透明和负责的公司治理氛围。

治理结构设计直接关系到公司成立后运营过程中各股东权利与利益的平衡以及公司利益的维护。因此，股东在公司设立之前，对治理结构予以足够的关注，并在公司设立协议和公司章程草案中做好结构设计工作，是防范其法律风险的重要手段。

在PPP项目中有一个重要的文件，那就是项目合作协议，它是项目公司设立前的基础性文件，其内容包括定义与解释、合作关系的建立（合作范围、项目投融资规模、特许经营权授予、合作期限）、项目公司的组建（股权比例分配）、股权变更、权利义务、履约担保、设立不成功时的费用承担、违约情形与责任、不可抗力、争议解决、协议的生效与终止。

对小股东而言，还应考虑监督和制衡的特别约定，如约定小股东人事提名权和考核权，甚至一票否决权。

公司股东协议是股东之间具有法律约束力的内部协议，也是股东之间进行合作的框架协议，内容主要包括：定义与解释、承诺与保证、项目公司的设立、投资总额与注册资本、股东会、董事会、监事、经营管理机构、解散和清算、违约责任、保密、争议解决、法律适用、协议的生效与变更等。

公司章程是公司运营的根本性文件，对公司的股东、董事、监事和高管都有约束力。内容主要包括总则、公司、投资总额与注册资本、股东会、董事会、监事、经营管理机构、财务和会计、解散和清算和附则。

公司章程应当根据公司需要设置，尽量做到以下六个方面：

一、没有违反法律强制性规范的内容；

二、公司管理事项有明晰、可操作性规范；

三、对股东、董事、监事、经理等的权利义务有明确规定，同时对这些权利和义务的实现途径具有可操作性的规定；

四、对公司出现异常状况的时间有相关明确的可操作性规定；

五、具有符合公司特殊情况的不同规定；

六、小股东权利的保护。小股东更应该利用公司章程确保自己的权益不被侵犯。如约定公司股东知情权时，要求公司董事会按季度自行将公司财务报表或公司运营情况通过股东登记册上预留的联系方式发送给各股东，否则视为董事会成员失职，应承担相应的法律后果。

公司设立协议与公司章程之间既有联系，又有区别。公司设立协议和公司章程各有不同的约束效力，只涉及股东间的问题，可以通过协议约束解决；只涉及公司的事项，可以通过公司章程来约束；既涉及股东也涉及公司运营的，最好是协议和章程都作规定。公司设立协议和章程主要区别在于以下三点：

一、公司设立协议仅对股东具有约束力，公司章程是公司运营的根本文件，对公司的股东、董事、监事和高管都有约束力；

二、公司设立协议是在公司设立阶段、存续期间及公司清算全阶段都具有约束力；

三、公司章程在公司注册成立后生效，用于规范公司成立后的公司行为与股东、董事、监事、高管及债权人之间的关系。

## 第二节　股东和股东会制度

### 一、股东的概念

股东是向公司出资或认购股份，从而享有资产收益等股东权利的人。有限责任公司的股东以其全部财产对公司的债务承担责任。股份有限公司的股东以其认购的股份为限对公司承担责任。公司股东依法享有资产收益、参与重大决策和选择管理者的权利。公司股东应当遵守法律、行政法规和公司章程，依法行使股东权利，不得滥用股东权利损害公司或者其他股东的利益。公司股东滥用股东权利给公司或者其他股东造成损失的，应当依法承担赔偿责任。公司股东滥用公司法人独立地位和股东有限责任，逃避债务，严重损害公司债权人利益的，应当对公司债务承担连带责任。股东利用其控制的两个以上公司实施前款规定行为的，各公司应当对任一公司的债务承担连带责任。

#### （一）股东出资

有限责任公司的注册资本为在公司登记机关登记的全体股东认缴的出资额。全体股东认缴的出资额由股东按照公司章程的规定自公司成立之日起五年内缴足。法律、行政法规以及国务院决定对有限责任公司注册资本实缴、注册资本最低限额另有规定的，从其规定。股东既可以用货币出资，也可以用实物、知识产权、土地使用权、股权、债权等可以用货币估价并可以依法转让的非货币财产作价出资，但是法律、行政法规规定不得作为出资的财产除外。对作为出资的非货币财产应当评估作价，核实财产，不得高估或者低估作价。法律、行政法规对评估作价有规定的，从其规定。

在PPP项目中，股东不履行出资义务会产生下列法律后果：

1.股东未按期足额缴纳出资的，除应当向公司足额缴纳外，还应当对给公司造成的损失承担赔偿责任。

2.有限责任公司设立时，股东未按照公司章程规定实际缴纳出资，或者实际出资的非货币财产的价额显著低于所认缴的出资额的，设立时的其他股东与该股东在出资不足的范围内承担连带责任。

3.有限责任公司成立后，董事会应当对股东的出资情况进行核查，发现股东未按期足额缴纳公司章程规定的出资的，应当由公司向该股东发出书面催缴书，催缴出资。

4.股东未按照公司章程规定的出资日期缴纳出资，公司发出书面催缴书催缴出资的，可以载明缴纳出资的宽限期。宽限期届满，股东仍未履行出资义务的，公司经董事会决议可以向该股东发出失权通知，该股东丧失其未缴纳出资的股权。丧失的股权应当依法转让，或者相应减少注册资本并注销该股权。

在PPP项目实践中，政府方一般都是占股比例不超过20%，且为小股东。为了防止大股东或多数股东欺压小股东或少数股东，必须经过PPP项目公司全体股东一致同意，约定出资比例和持股比例不一致的情形，这样可以确保小股东或少数股东的意思自治得以实现。同样地，分红权和表决权均可以不按照出资比例行使表决权，更广泛地赋予股东意思自治的范畴，小股东也可以获得比出资比例更多的表决权和分红权，但需经全体股东一致同意。

在PPP项目实践中，还有很多股东在履行出资过程中会出现这样或那样的问题。为了避免股东出资不足，抽逃出资、瑕疵出资（如未足额出资、迟延出资）或虚假出资，应当在章程或股东协议中明确规定或约定，股东在约定期限内缴纳出资的比例未过到70%（比例根据实际情况商榷）时，经公司催告缴纳或者返还，其在合理期限内仍未缴纳或返还出资的，该股东视为退股，从而丧失股东身份。同时规定或约定，未履行出资义务或抽逃全部出资的股东，出资不足、抽逃部分出资、虚假出资甚至出资瑕疵等股东权利应当受限，如利润分配请求权、不得行使表决权或按照实际出资比例行使表决权、可以不分或按照实际出资比例行使相应的权利、新股优先认购权、剩余财产分配权等股东权利。同时小股东应当在签署股东协议前与大股东商定好董事会、管理层人选，避免公司运营后无人监督与管理，致使大股东压榨公司利益，侵害小股东利益。

### （二）瑕疵出资股东的表决权限制

如果让未尽全面出资义务的股东通过行使表决权控制公司，不仅不符合权利义务对等、利益与风险一致的原则，也不利于公司的长远发展。因此PPP项目公司通过股东会决议或公司章程对瑕疵出资股东的表决权进行合理限制，更能体现设立公司的初衷和立法精神。瑕疵出资主要有三种表现形式：1.出资时间不及时；2.货币出资不足额；3.出资方式不适当。

需要注意的是，非货币财产出资的瑕疵认定。股东以非货币财产出资时，股东既要负责办理财产的实际交付手续，也要办理财产权利的过户手续。财产实际交付与产权过户义务，是非货币财产出资股东对公司承担的缺一不可的义务。在PPP项目实践中，股东出资比例和股东表决权比例可以不一致，具体操作如下：

1.在股东协议和章程中可以作出特殊约定，即股东会议表决，不按照出资比例行使表决权，根据各股东在公司发展中提供的实际出资或其他资源的重要性差异，确定各股东的表决权或股东会议表决，实行一人一票制等方式。表决权作为参与公司管理的经济民主权利，原则上属于共益权。

2.股东之间可以自由约定，也可以依照认缴出资或实际出资行使表决权。

3.认缴出资的股东在认缴期限届满后仍未缴纳出资的，该股东不能行使表决权。

4.如股东分期缴纳的，对没有缴纳出资部分的比例股权行使表决权限制，如果股东在迟延出资后补充了出资，表决权应当立即恢复。

### （三）隐名股东

显名股东，是指拟设立一家公司，履行股东出资等义务，享有股东分红等权利，其股东身份记载于市场监管部门和公司股东名册中的股东。隐名股东，顾名思义，是指履行股东义务，享有股东权利，但是不在市场监管部门登记的人，其通过显名股东行使股东权利和义务并最终享有股份应得的红利及其他收益。隐名股东需要和显名股东签署《委托代持股份协议》，以确保未来利益不受损失。

代持股份协议在PPP项目司法实践中时常发生，委托代持股份协议内容需要全面，建议重点关注以下五个方面：

1.隐名股东须表明成为股东的意思表示。从酝酿公司开始到公司成立，隐名股东愿意承担该公司的股东，享有股东权利，承担股东义务。显名股东仅仅以自己的名义代隐名股东履行出资义务，该出资所形成的股东权益由隐名股东实际享有和处置。

2.隐名股东需要实际出资。隐名股东将认缴的出资额交付至公司的出资账户或公司指定账户，需要显名股东予以确认，并明确表示将其未来所收到的因代持股份所产生的收益全部归属隐名股东，且在收到收益后3日内转付给隐名股东。

3.隐名股东对显名股东行使其表决权的限制。约定显名股东在以隐名股东身份参与公司经营管理过程中需要行使表决权时，至少提前5日取得隐名股东书面授权委托书，并且按照授权委托书载明的事项行使表决权。

4.隐名股东的任意解除权。约定隐名股东有权随时解除委托代持股份协议，并按照其指示办理转移代持股份或股权收入，显名股东应对此提供必要的协助及便利。

5.隐名股东给予显名股东适当报酬。代持股份需要履行相关义务，肯定会为此付出代持的辛苦，而隐名股东为此获利。因此建议隐名股东给予显名股东一定的报酬，并在委托代持协议中明确约定报酬的具体金额、支付的时间和方式等。

## （四）股权

股权是指股东通过出资或受让等合法方式拥有公司股份或出资份额后而享有股东资格，并从公司获取经济利益、参与公司管理的权利。股权是财产所有权的一部分，股东因此享有表决权、选举公司董事、监事权；优先认股权、参与公司管理权、享受利润分红权等股东权利。股权可以分成财产权和管理参与权，其中财产权是股权的核心，管理参与权是实现财产权的手段。股权有以下三个特征：

1.股权是一种资格权。股东是股权的权利主体，享有公司股权的人，必须依法取得公司的股东资格。从一定意义上讲，股权是股东因出资成为法人社团成员而取得的一种资格权利，包括财产权和管理参与权，是一种独立类型的权利。从这个意义上讲，不向公司投入自己的财产，就不能取得股东的资格，当然也不能享有股东权利。

2.股权是一种综合性权利。公司法理论认为，股权包括股息或红利分配请求权、新股优先认购权、剩余财产分配权、股份转让等财产权，也包括一系列公司参与权，如表决权、提请召开临时股东会请求权、对董监高的监督权等综合权利。股权中的财产内容和非财产内容是既有联系又有区别的有机统一体，两者相互依存、密不可分，都是股权不可分割的重要组成部分，共同构成股权的基本内容。股权既不属于物权，又不属于债权；既不属于财产权，又不属于人身权。从严格意义上来讲，股权不是一种一般的民事权利，而是一种公司法上的权利。

3.股权是股东出资形成的权利。股权是出资者向公司出资，以丧失其出资财产所有权为代价取得的一种权利。

根据股权的内容和行使的目的，其可分为自益权和公益权。自益权主要是指专为该股东自身的利益而行使的权力，主要是财产权，如股息和红利的分配请求权、剩余财产分配请求权、新股优先认购权、优先清偿权。公益权是指股东以参与公司经营为目的的权利，或者是股东以个人利益为目的兼为公司利益而行使的权利，这种权利的行使可使股东间接受益。公益权主要包括表决权、代表诉讼权、提案权、质询权、会计账簿查阅权、公司解散请求权等。

（1）股东身份权

股东身份权是指股东因出资或认购股份而享有从公司获取经济利益、参与公司管理的权利。公司应当制作股东名册并置备于公司，并记载下列事项：股东姓名或者名称及住所；股东的出资额；出资证明书的编号。记载于股东名册的股东，可以依股东名册主张行使股东权利。公司应当将股东的姓名或者名称向公司登记机关登记；登记事项发生变更的，应当办理变更登记。未经登记或者变更登记的，不得对抗第三人。出资证明书应当载明下列事项：公司名称；公司成立日期；公司注册资本；股东姓名或者名称、缴纳的出资额和出资日期；出资证明书的编号和核发日期；出资证明书必须由公司盖章。

（2）股东知情权

股东知情权是指股东有权查阅、复制公司章程、股东会议记录、董事会会议决议、监事会会议决议和财务会计报告。股东可以要求查阅公司会计账簿，但需要向公司提出书面请求，说明目的。公司拒绝查阅的，股东可以请求人民法院要求公司提供查阅。如果公司有合理根据认为股东查阅会计账簿、会计凭证有不正当目的，可能损害公司合法利益的，可以拒绝提供查阅，并应当自股东提出书面请求之日起十五日内书面答复股东并说明理由。

公司有证据证明股东存在以下情形的，视为股东有不正当目的：股东自营或者为他人经营与公司主营业务有实质性竞争关系业务的，但公司章程另有规定或者全体股东另有约定的除外；股东为了向他人通报有关信息查阅公司会计账簿，可能损害公司合法利益的；股东在向公司提出查阅请求之日前三年内，曾通过查阅公司会计账簿，向他人通报有关信息损害公司合法利益的；股东有不正当目的的其他情形。

在PPP项目实践中，政府方是小股东，而实际经营者是社会资本方，因此在公司运营过程中会产生公司僵局的情况，基于此，笔者建议政府方在股东协议和项目公司章程中明确约定或者规定股东行使知情权的具体权利和程序，具体如下：第一，明确股东查阅的内容和范围。股东可以查阅公司章程、股东会会议决议与记录、董事会会议决议与记录、监事会会议决议与记录、会计报告、审计报告、评估报告、总账、明细账、日记账、其他辅助性账簿、原始凭证等公司经营管理状况的资料。第二，明确查阅的方式。股东可以自行或委托代理人进行查阅，摘抄、复制、拍照等方式，在必要的时候，可以委托第三方的专业机构人员予以参加，如会计师事务所、评估事务所、律师事务所等机构。第三，明确约定查阅的时间、地点。股东提交书面申请查阅相关材料的，公司应当自收到申请后十五日内提供查阅资料，并告知查阅地点。第四，明确违约责任。如果一方违约导致另一方无法行使股东知情权的，那么违约方应当向守约方承担违约责任并承担由此造成的损失，违约责任方式可以约定违约金，也可以约定违约方股东退出股东身份，并限期转让股权，且明确约定股权对价等。第五，章程中明确规定董事、监事及经理等管理人员对其因工作职责无法行使知情权的，应当承担损害赔偿的责任。

（3）股东回购请求权

股东回购请求权是指当股东会作出严重影响股东利益的决议时，股东有权请求公司购回自己所持的股权。股东退股的法定情形有如下三种：

第一，长期不分红。公司连续五年不向股东分配利润，而公司该五年连续盈利，并且符合公司法规定的分配利润条件。第二，公司合并、分立、转让主要财产的。第三，延长公司营业期限。公司章程规定的营业期满或章程规定的其他解散事由出现，股东会会议通过决议修改章程使公司存续的。

在PPP项目司法实践中，常有控股股东和公司高管为压榨与排挤中小股东，恶意滥用公司利益最大化理论，长期推行不分红或少分红的政策，或者财务造假造成其公司五年内没有连续盈利的假象。这些显然违背了股东追求投资回报的投资目的，失去了投资价值，因此中小股东对股东会的决议提出反对票，并要求公司回购自己所持的股权。中小股东需按照以下步骤实施促使公司回购自己所持的股权：1）行使自己的知情权，通过查阅公司财务账簿等资料，获取公司的真实财务状况；2）在发生法定退股情形时，对股东会相关决议投反对票；3）在股东会作出不分红的决议后，立即通过书面方式向公司表达要求其回购自己所持的股权，协商股权价格，必要时可以商请第三方予以评估，并以此为回购价格等内容，同时告知协商期限，建议最长不超过

60日；4）如果协商不成，一定要在股东会会议决议通过之日起九十日内向人民法院提起诉讼。

（4）股东分红权

股东分红权是指股东依照股东协议向拟设立的公司进行出资，并履行股东义务，公司出现盈利后，请求公司向自己分红的权利。股东分红权，既取决于公司有财产可供分配，还取决于公司的意思表示。公司分配当年税后利润时，应当提取利润的10%列入公司法定公积金。公司法定公积金累计额为公司注册资本的50%以上的，可以不再提取；公司法定公积金不足以弥补以前亏损的，在依照前款规定提取法定公积金之前，应当先从当年利润中提取任意公积金；公司弥补亏损和提取公积金后所余税后利润，有限责任公司依照公司法的规定分配。可见，股利分配资金来源于税后利润弥补亏损、提取法定公积金和任意公积金后的余额。同时，审议批准公司的利润分配方案和弥补亏损方案，可见股利分配的意思决定权在于公司股东会。

（5）股东质询权

股东质询权是指出席股东会的股东请求董事会或监事会就会议议题和议案中的有关问题进行说明、解释与澄清的权利。股东质询权为公益权，此种单独股权的主体只限于出席股东会议的股东，不包括未参会的股东。股东质询的内容应与股东会的议题和议案直接相关，并且为质询股东充分理解议案的内容。

在PPP项目司法实践中，为预防董监高恶意借口拒绝回应股东质询，可在股东协议或章程中约定或规定建立会前书面质询制度，即每次股东会都要求董事、监事、高级管理人员列席会议的，董事、监事、高级管理人员应当列席并接受股东的质询，否则视为对公司没有履行忠实和勤勉义务，并承担相应的民事责任。股东会应当就本次需要质询的问题在会前向董监高提出质询书，董监高应当认真准备，对自己明知的事项，应当如实告知，如果所掌握的不足以就股东质询提供满意说明或答复，需要专业技术人员提供数据或回答专业问题的，可以合理顺延此种义务，并设置一定期限内做好书面答复，以出席股东会接受质询。

（6）股东累积投票权

累积投票指股东所持的每一股份都拥有与股东会拟选举的董事或监事数量相等的投票权，既可以把全部投票集中选举一人，也可以分散给被选举数人，最后按照得票数量决定当选董事或监事。由此可知，累积投票是一股多票。累积投票权是指股东会选举董事或者监事时，按照累积投票方式参加选举董事或监事的权利。

在PPP项目实践中，可以在股东协议或章程中明确约定，在股东会选举董事、监事时，实行累积投票制，其作用无外乎以下三点：1）帮助小股东之间联合投票制衡大股东，平衡大小股东之间利益，增强小股东表决权，弱化控制股东的话语权；2）有利于促进政府方参与公司治理；3）有利于构建政府方与社会资本方和谐的公司治理体系。

（7）股东解散公司的诉权

股东解散公司的法定理由如下：1）公司章程规定的营业期限届满或者公司章程规定的其他解散事由出现；2）股东会决议解散；3）因公司合并或者分立需要解散；4）依法被吊销营业执照、责令关闭或者被撤销；5）人民法院依照《中华人民共和国公司法》第二百三十一条的规定予以解散，即公司经营管理发生严重困难，继续存续会使股东利益受到重大损失，通过其他途径不能解决的，持有公司百分之十以上表决权的股东，可以请求人民法院解散公司。公司出现前款规定的解散事由，应当在十日内将解散事由通过国家企业信用信息公示系统予以公示。但是只有在公司经营管理发生严重困难，且无其他途径予以解决的，即公司在治理方面出现僵局而导致公司不能继续经营且拥有10%以上表决权的股东，可以向人民法院提出解散公司的诉请。

在PPP项目实践中，公司经营管理发生严重困难的四种情形：1）公司连续两年以上无法召开股东会；2）股东表决时无法达到法定或者公司章程规定的比例，连续两年以上不能做出有效的股东会决议；3）公司董事长期冲突，且无法通过股东会解决；4）经营管理发生其他严重困难，公司继续存续会使股东利益受到重大损失的情形；5）政府方股东认为公司经营发生严重困难的其他情形。

（8）公司僵局

公司僵局是公司治理实践中最为难治的杂症，其形成的原因无外乎股东会、董事会工作机制造成经营管理上发生困难，即公司内部机关陷入瘫痪状态，无法正常开展工作，如果继续存续会给股东或公司利益造成重大损失，为此不得已而行使解散公司的权利，但是人民法院为了收到此类案件后，更加注重调解，只要有其他途径能够解决矛盾的，应尽可能采取其他方式予以解决，从而使公司免予遭受解释。基于此，司法实践中，法院通过释明权，告知诉讼当事人寻求解散公司之外的其他替代性补救措施，如股权转让、公司分立等。

PPP项目实践中造成公司僵局的原因虽有很多，但是主要有三种类型：1）股权结构不合理。有很多创业公司注册公司时，基于兄弟情深，产生很多股权比例等额的情况，也没有对公司股东会和董事会会议制度作出很好的安排。随着公司不断壮大，股东之间公司经营管理的理念产生差异，导致公司治理和发展的意见不一致或相悖，此时很难通过公司机制予以解决，便会产生公司僵局。2）公司章程套用模板。很多企业对公司章程没有足够重视，而是套用市场监督管理部门的模板，并没有对公司章程进行优化，导致很多公司机制失灵，尤其是对公司股东会、董事会会议的召集程序、表决程序和议事规则等没有根据自身公司的特点修订，导致公司治理机构瘫痪。3）公司在运营过程中发生控制权大战。实践中，基于公司控制权而抢夺公司的印章、营业执照、资格证书等情况屡见不鲜，从而导致公司无法运转，造成公司僵局。

在PPP项目公司组建过程中，我们建议从合作协议开始，到股东协议的签署、公司章程的制定、股权结构的设计，科学制定三会（股东会、董事会、监事会）召集程序、表决程序和议事规则及高管的职责、权利和义务明细化，避免发生公司僵局。如果未来发生公司僵局，建议采取以下方式予以解决：1）公司回购部分股东的股份；2）其他股东受让部分股东股份；3）他人受让部分股东股份；4）公司减资；5）公司分立；6）其他能够解决分歧，恢复公司正常经营，避免公司解散的方式。解散公司的诉权不仅是小股东的权利，也是所有股东的权利，但是对小股东来说，这是他们最后一项救济措施。

## 二、股东会制度

股东会是由全体股东组成，并对公司的重大发展事项，依照法律、行政法规、股东协议和公司章程行使权利履行义务的公司权力机构。

### （一）股东会的特点

（1）股东会是公司的最高权力机构。股东会只能以法定形式形成决议，不能对外代表公司，也不能对内执行管理业务，其是公司的最高权力机关，董事会成员、监事会或监事由此产生，并对其负责。股东会通过年会或临时会议的形式行使职权，股东会闭会期间，股东有权通过法律规定或章程约定行使权利、承担义务。（2）股东会是公司的法定必设机构。（3）股东会是公司的非常设机构，依据法律、行政法规或公司章程规定，董事会、监事会或代表十分之一以上表决权的股东。

### （二）股东会的职权

（1）选举和更换董事、监事，决定有关董事、监事的报酬事项；（2）审议批准董事会的报告；（3）审议批准监事会的报告；（4）审议批准公司的利润分配方案和弥补亏损方案；（5）对公司增加或者减少注册资本作出决议；（6）对发行公司债券作出决议；（7）对公司合并、分立、解散、清算或者变更公司形式作出决议；（8）修改公司章程；（9）公司章程规定的其他职权。

对前款所列事项，股东以书面形式一致表示同意的，可以不召开股东会会议，直接作出决定，并由全体股东在决定文件上签名或者盖章。现行《中华人民共和国公司法》采取的是股东会中心主义，因此股东会职权是法定的，原则上不能缩减，但是其第五十九条明确赋予公司章程规定的或股东会授予的其他职权，换言之，股东会可以扩大其职权。这里就是没有充分利用

《中华人民共和国公司法》第五十九条赋予章程规定的条款。股东可以在PPP项目的股东协议和章程中合法合理地扩大股东职权……

股东可以根据自身的需求，设计个性化的股东协议和公司章程。根据笔者在PPP司法实践中的发现，有很多项目公司中的政府方股东职权并没有掌握主动权，导致政府方在实践中处于窘境，这里就是没有充分利用《中华人民共和国公司法》第六十七条第十款赋予章程规定的条款。股东可以在PPP项目的股东协议和章程中合法合理地扩大股东职权，具体如下：1.将董事会中的决定聘任或者解聘公司经理及其报酬事项提升到股东会的职权。公司管理重在对制度和人的管理，因此人事权可以放到股东会职权。2.对外投资或对非实际控制人对外担保。公司向其他企业投资或者为他人提供担保、投资或者担保的总额及单项投资或者担保的数额作出明确规定，由股东会决议。3.转让或受让重大资产。转让、受让重大资产或者对外提供担保等事项，由股东会决议。4.聘任会计师事务所。公司聘用、解聘承办公司审计业务的会计师事务所，由股东会决议。5.董事、高管将公司资金借贷给他人或者以公司财产为他人提供担保，由股东会决议。6.董事高管与本公司订立合同或者进行交易，由股东会决议。7.公司内部管理机构的设置和基本管理制度的制定，由股东会决定。

## （三）股东会会议的召集权人、召集权行使的方式

### 1.股东会会议召集权人

通常情况下，股东会由董事会召集。但是也有由其他机关召集召开股东会的情形：（1）有限责任公司首次股东会会议由出资最多的股东召集和主持。（2）首次股东会会议之后的股东会设立董事会的，股东会会议由董事会召集，董事长主持；董事长不能履行职务或者不履行职务的，由副董事长主持；副董事长不能履行职务或者不履行职务的，由过半数董事共同推举一名董事主持。（3）不设董事会的，股东会会议由董事召集和主持。董事会或者董事不能履行或者不履行召集股东会会议职责的，由监事会召集和主持。（4）监事会或者监事不召集和主持的，代表十分之一以上表决权的股东可以自行召集和主持。单独或合计持有公司10%以上股份的股东请求召开临时股东会会议的，董事会、

监事会应当在收到请求之日起十日内作出是否召开临时股东会会议的决定，并书面答复股东。通过上述表述不难看出，股东会会议的召集权人有先后顺序之分。

**2.股东会的通知程序**

（1）有限责任公司召开股东会会议，应当于会议召开十五日前通知全体股东，但是，公司章程另有规定或者全体股东另有约定的除外。

（2）通知的期限。1）股份公司召开年度股东会会议，应当将会议召开的时间、地点和审议的事项于会议召开二十日前通知各股东；2）临时股东会应当于会议召开十五日前通知各股东。

（3）通知的内容。股东会会议通知应当载明：1）会议召开的时间、地点和会议期限。2）提交会议审议的事项和提案。3）以明显的文字说明全体股东均有权出席股东会，并可以书面委托代理人出席会议和参加表决，应当明确代理人代理的事项、权限和期限。4）有权出席股东会股东的股权登记日。5）会务常设联系人姓名、联系电话和地址。6）单独或者合计持有公司百分之一以上股份的股东，可以在股东会召开十日前提出临时提案并书面提交董事会；董事会应当在收到提案后二日内通知其他股东，并将该临时提案提交股东会审议，但临时提案违反法律、行政法规或者公司章程的规定，或者不属于股东会职权范围的除外。公司不得提高提出临时提案股东的持股比例。临时提案的内容应当属于股东会职权范围，并有明确议题和具体决议事项。7）股东会不得对通知中未列明的事项作出决议。

（4）通知送达地的确定。应保证在召开股东会或董事会前将会议通知送达股东或董事手中，以免因无法或准确送达而发生公司僵局或股东会或董事会的会议决议被认定不成立。建议在股东会协议或者章程中约定或规定送达条款：1）设置公司送达的方式。以电子邮件、传真、邮件快递发出或派专人送达发出的，公司经办人员应通过短消息告知并提醒受送达人。采取上述方式无法送达的，可以采取公告方式送达，一经公告视为所有相关人员收到通知，但是公告方式应当在章程中明确指定公告网址或指定新闻媒体或报纸。2）通知期限的起算。会议通知期限的起算应当在股东协议或者章程中约定或规定，自召集人发出通知之日起算。公司通知以电子邮件或传真方式发出的，自公司发出之日视为送达日期；以邮件快递方式发出的，自交付邮局之日起视为送达日期；公司以专人送达的，以受送达人在送达回执上签名或盖章之日视为送达日期，如果拒绝签收的，专人可以通过录像方式留置送达。以录像确定的日期视为送达日期；以公告方式送达的，自公告之日起视为送达日期。3）明确股东或董事收件地址和联系人。在股东协议或章程中明确详细的收件地址（包括住所地址或电子邮箱地址）、联系人姓名和联系电话，并且该联系人和联系地址作为未来工作通知的联系人和电话。如有变更应及时通知公司，避免影响工作，由此带来的法律后果均由该股东或董事承担。

在PPP项目实践中，政府方在项目公司中应当格外注意以下四点问题：（1）严格遵守股东会、董事会的法定程序；（2）政府方指定人员担任项目公司的法定代表人、董事、财务、经理等重要职位；（3）在股东协议或章程中明确约定或规定项目公司的印章、营业执照和相关的资质证书由政府方人员保管；（4）所有的档案管理应当由政府方指定人员予以保管。

### （四）股东会决议的不成立、可撤销和无效

股东召开股东会，并形成了股东会决议，但如果是由控股股东虚构了股东会决议的情形下，该股东会决议实际上是不存在的，因此不发生法律效力，即意味着股东会会议决议不成立，具体情形如下：（1）公司未召开会议的，但依据《中华人民共和国公司法》第五十九条第一款或者公司章程规定可以不召开股东会而直接作出决定，并由全体股东在决定文件上签名或者盖章的除外；（2）会议未对决议事项进行表决的；（3）出席会议的人数或者股东所持表决权不符合公司法或者公司章程规定的；（4）会议的表决结果未达到公司法或公司章程规定的通过比例的；（5）导致决议不成立的其他情形。

PPP项目司法实践中，股东会决议可撤销的法定事由主要有三点：

1.股东会会议召集程序违反法律、行政法规或者公司章程。司法实践中，违反召集程序的表现形式具体如下：（1）股东会的通知或公告中对召集权人信息记载有瑕疵；（2）公司召开股东会，未发布股东会召开的通知

或公告；（3）股东会召开的通知或公告未遵守法定期间；（4）召集股东会的通知形式违法或违反公司章程的；（5）股东会召集通知遗漏通知了部分股东；（6）股东会的召集通知或公告记载违法；（7）股东会的召集时间或召开地点不适当；（8）召集股东会的召开通知中未载明召集事由、议题和提案；（9）决定召集股东会的董事的出席人数不足等。

2.股东会会议表决方式违反法律、行政法规或者公司章程。司法实践中，违反表决程序的表现形式具体如下：（1）股东会或董事会现场对参会者或代理人身份核查不严，导致非股东或不适格的代理人参与了表决；（2）公司决议未达到法定或公司章程所规定的表决权比例；（3）股东会的主持人限制适格的代理人行使表决权；（4）董事或监事对股东的质询拒绝说明或说明不清；（5）股东或董事会主持人无故限制股东的发言或表决；（6）根据公司法或公司章程的规定依法应当回避的股东或董事没有进行回避等。

3.股东会决议内容违反公司章程。

公司股东会、董事会的决议内容违反法律、行政法规的无效。

## 第三节　董事和董事会制度

### 一、董事的概念

董事是指由公司股东会或职工民主选举产生的具有实际权力和权威的管理公司事务的人员，是公司内部治理的主要力量，对内管理公司事务，对外代表公司进行经济活动。

董事会是由公司董事组成，在公司治理结构中起着承上启下的作用，采取会议方式进行集体决策，是对公司经营发展常设的、法定的机构。董事会的成员通常由股东选举产生，但在法定情形下由职工选举产生，具体情形如下：（一）两个以上的国有企业或两个以上的其他国有投资主体设立的有限责任公司、其董事会成员中应当有职工代表，并且由公司职工通过职工代表大会或职工大会选举产生；（二）其他有限责任公司董事会中可以有公司职工代表；（三）国有独资公司董事会成员中应当有职工代表，董事会成员由国资监管机构委派，职工代表由职工代表大会选举产生；（四）股份公司董事会成员中可以有公司职工代表，董事会中的职工代表通过职工代表大会、职工大会或其他形式民主选举产生。

因公司规模和组织形式不同，故董事人数有所不同。（一）有限责任公司董事会成员三人以上；（二）股东人数较少或规模较小的有限责任公司，可以设一名董事；（三）股份公司董事会成员三人以上。董事任期由公司章程规定，但每届任期不得超过三年，董事任期届满，可以连选连任。在PPP项目实践中，有时会出现任期届满未及时改选的，本届董事需要在改选出新的董事出任前，依照法律、行政法规和公司章程的规定，履行董事职务。

在PPP项目实践中，合作主体是政府方和社会资本方，并组建项目公司，公司形式大多数是有限责任公司。因此在公司董事会设立时就应当考虑职工董事产生的办法，在合作协议和公司章程中作出明确约定或规定。同时在董事会成员人数中采取奇数，避免公司成立后出现公司僵局的情形。

董事可以由总经理或者其他高级管理人员兼任，但兼任总经理或其他高管的董事，总计不得超过董事总数的二分之一。由于PPP项目是关系到重大民生的工程，政府方也参与其中，所以在选拔董事时要充分考虑到其个人能力与自身综合素质。在实践中，对董事的任职条件在股东协议和章程中作出明确约定或规定，公司董事为自然人，有下列情形之一的，不能担任董事：（一）无民事行为能力或者限制行为能力；（二）因贪污、贿赂、侵占财产、挪用财产或者破坏社会主义市场经济秩序，被判处刑罚，执行期满未逾五年，或者因犯罪被剥夺政治权利，执行期满未逾五年，被宣告缓刑的，自缓刑考验期满之日起未逾二年；（三）担任破产清算公司、企业的董事或者厂长、总经理，对公司、企业的破产负有个人责任的，自该公司、企业破产清算完结之日起未逾三年；（四）担任因违法被吊销营业执照、责令关闭的公司、企业的法定代表人，并负有个人责任的，自该公司、企业被吊销营业执照、责令关闭之日起未逾三年；（五）个人所负数额较大的债务到期未清偿被人民法院列为失信被执行人；（六）法律、行政法规或部门规章规定的其他内容。

董事对公司负有忠实义务，对此，可以在章程中作出如下规定：（一）不得利用职权收受贿赂或者其他非法收入，不得侵占公司的财产；（二）不得挪用公司资金；（三）不得将公司资产或者资金以其个人名义或者其他个人名义开立账户存储；（四）未经股东会或董事会同意，将公司资金借贷给他人或者以公司产出为他人提供担保；（五）未经股东会同意，与本公司订立合同或进行交易；（六）未经股东会同意，不得利用职务便利，为自己或他人谋取本应属于公司的商业机会，自营或者为他人经营与本公司同类的业务；（七）不得将与公司交易的佣金归为己有；（八）不得擅自披露公司秘密；（九）不得利用其关联关系损害公司利益；（十）法律、行政法规、部门规章规定的董事其他忠实义务。

董事对公司负有勤勉义务，对此，可以在章程中作出如下规定：（一）应谨慎、认真、勤勉地行使公司赋予的权利，以保证公司的商业行为符合国家法律、行政法规以及国家各项经济政策的要求，商业活动不得超过营业执照规定的业务范围；（二）应公平对待所有股东；（三）及时了解公司业务经营管理状况；（四）应当及时对公司定期报告签署书面确认意见，保证公司所披露的信息真实、准确、完整；（五）应当如实向监事会提供有关情况和资料，不得妨碍监事会或监事行使职权；（六）积极参加董事会，原则上每届董事会会议不得缺席两次；（七）法律、行政法规、部门规章规定的董事其他勤勉义务。

## 二、董事会的职权

董事会行使下列职权：（一）召集股东会会议，并向股东会报告工作；（二）执行股东会的决议；（三）决定公司的经营计划和投资方案；（四）制订公司的利润分配方案和弥补亏损方案；（五）制订公司增加或者减少注册资本以及发行公司债券的方案；（六）制订公司合并、分立、解散或者变更公司形式的方案；（七）决定公司内部管理机构的设置；（八）决定聘任或者解聘公司经理及其报酬事项，并根据经理的提名决定聘任或者解聘公司副经理、财务负责人及其报酬事项；（九）制定公司的基本管理制度；（十）公司章程规定或者股东会授予的其他职权。

公司法明确授予董事会可行使公司章程规定的其他职权，体现了公司自治的精神，让公司充分发挥公司管理权和调配公司股东会与董事会之间的职权。例如，董事会可以将制定公司基本管理制度的权力交给股东会行使，保证中小股东有参与公司管理的机会。

## 三、董事会会议召集

董事会会议由董事长召集和主持；董事长不能履行职务或者不履行职务的，由副董事长召集和主持；副董事长不能履行职务或者不履行职务的，由过半数董事共同推举一名董事召集和主持。但是在PPP项目实践中，有时在股东协议或章程中没有约定召开时间或通知的程序，为了避免董事会规定过于原则，给实际操作带来诸多不便甚至出现董事会僵局，建议在股东会会议或章程中明确约定或规定董事会会议频率，如董事会每年度2月和7月召开两次定期会议，每次会议应当于会议召开5日前将会议主题通知全体董事和监事。有代表十分之一以上表决权的股东、三分之一以上董事或监事会，可以提议召开临时董事会会议，临时董事会会议应当于会议召开5日前将会议主题通知全体董事和监事。

在PPP项目实践中，董事会的议事方式和表决程序过于原则，并没有详细规定，公司法将该项权力授予公司章程规定。由此可知，有限责任公司对于董事会的会议高度意思自治。但由此产生很多项目公司在套用章程，并没有实际去完善公司章程中董事会会议的议事方式和表决程序，为此，实践中，在章程中规定，董事会会议应由过半数的董事出席方可举行，董事会作出决议，必须经全体董事的过半数通过，董事会决议的表决，实行“一人一票，少数服从多数”的规则。董事会会议应由董事本人出席，董事因故不能出席的，可以书面委托其他董事代为出席，委托书中应载明授权范围，并且在会议笔录中代为签署委托人姓名，并签署受托人姓名，同时签署“代”的字样。董事会应当对所议事项的决定作成会议记录，出席会议的董事应当在会议记录上签名。这样规定是为了提高董事会出席率，提升决策的科学化与民主化，避免少数董事操纵董事会决策，保证董事会的决议符合大多数人的意见。

随着现代化进程的加快，互联网技术越来越发达，会议的方式由线下会议加速到线上会议。采取线上召开董事会会议，需要注意以下四点：（一）会议召集程序和表决程序参照上述内容；（二）在开会前设置会议须知，将会议的形式、会议材料发送的地址、会议表决的收集和收件地址予以明确，确保董事的意见真实；（三）开会前应按照章程规定的时间，将会议主题、议案和决策所需的背景资料发给董事；（四）线上会议表决时应当采取截屏方式予以保留董事赞成、反对或弃权意见，并在会议后5日内将董事的表决意见签署姓名后的书面材料递交给公司。

在PPP项目实践中，有些董事会决议在表决时出现反对票、弃权票与赞成票旗鼓相当的尴尬局面，导致董事会决议不能高效运转。为了使项目能够顺利推进，建议董事会设置破解董事会僵局的机制，授予项目公司政府方代表行使第二次表决权，但是该项权利不能滥用，仅限于董事会会议表决出现僵局时才能予以实施。

## 四、董事责任

董事应当对董事会的决议承担责任。董事会的决议违反法律、行政法规或者公司章程、股东会决议，致使公司遭受严重损失的，参与决议的董事对公司负赔偿责任。但经证明在表决时曾表明异议并记载于会议记录的，该董事可以免责。董事对错误的董事会决议承担赔偿责任的条件如下：（一）董事参加了董事会，并没有对其他决议内容提出异议；（二）董事会决议内容违反法律、行政法规，或者公司章程、股东会决议；（三）该董事会决议给公司造成了严重损失；（四）董事的票决与公司严重损失之间存在因果关系。从董事对错误的董事会决议承担赔偿责任条件分析来看，董事要实现自我保护，就必须尽到忠实与勤勉义务，遇到存疑问题必须向公司其他管理层提出质询，必要时可以委托第三方机构进行必要的审查，公司应当为此提供必要的方便，如承担相应的费用等。

在PPP项目实践中，董事会可以根据需要设立审计、战略、提名、薪酬与考核等相关专门委员会。专门委员会对董事会负责，依照公司章程和董事会授权履行职责，必要时可以委托第三方给予相应的专业意见，由此产生的费用由公司承担。

## 第四节　监事会结构和监事会制度

监事会制度旨在强化监事会对股东会、董事会与管理层决议与工作的监督，从而促进公司在管理方面合法、合规，在经营发展方面符合股东们的发展意志。

监事会成员原则上由股东会选举产生，但是也有监事不是股东选举产生的例外情形：（一）国有独资公司的监事会成员由国资监管机构委派；（二）监事会成员中的职工代表由公司职工代表大会选举产生。

监事会成员。有限责任公司设监事会，其成员不得少于三人，股东人数较少或者规模较小的有限责任公司，可以设一名监事，不设监事会。股份有限公司设监事会，其成员不得少于三人。国有独资公司在董事会中设置由董事组成的审计委员会行使本法规定的监事会职权的，不设监事会或者监事。

有限责任公司与股份有限公司监事会应当包括股东代表和适当比例的公司职工代表，其中职工代表的比例不得低于三分之一，具体比例由公司章程规定。监事会中的职工代表由公司职工通过职工代表大会、职工大会或者其他形式民主选举产生。国有独资公司监事会成员由国有资产监督管理机构委派，但是，监事会成员中的职工代表由公司职工代表大会选举产生。

监事会主席。有限责任公司监事会设主席一人，由全体监事过半数选举产生。监事会主席召集和主持监事会会议；监事会主席不能履行职务或者不履行职务的，由过半数的监事共同推举一名监事召集和主持监事会会议。

股份有限公司监事会设主席一人，可以设副主席。监事会主席和副主席由全体监事过半数选举产生。监事会主席召集和主持监事会会议；监事会主席不能履行职务或者不履行职务的，由监事会副主席召集和主持监事会会议；监事会副主席不能履行职务或者不履行职务的，由过半数监事共同推举一名监事召集和主持监事会会议。

国有独资公司监事会主席由国有资产监督管理机构从监事会成员中指定。

通过监事会成员组成和监事会主席人员选定的方式来看，监事会的监督权更加凸显。公司法中设立监事会的主要目的是利用监事会的监督权与股东会、董事会经营权之间的制衡，确保公司在法治化的和谐氛围中茁壮成长。

监事会行使下列职权：（一）财务情况监督权。检查公司财务，如财务账簿，包括但不限于明细账册、现金账册、会计账册；检查子公司、分公司的经营业务、财产状况或对外担保情况等。（二）对董监高的罢免权。对董事、高级管理人员执行职务的行为进行监督，对违反法律、行政法规、公司章程或者股东会决议的董事、高级管理人员提出解任的建议。（三）对董监高的纠错权。当董事、高级管理人员的行为损害公司的利益时，要求董事、高级管理人员予以纠正。（四）会议请求权和召集权。提议召开临时股东会会议，在董事会不履行本法规定的召集和主持股东会会议职责时召集和主持股东会会议。（五）提案权。向股东会会议提出提案。（六）对董事、高级管理人员提起诉讼的权利。（七）公司章程规定的其他职权。

董事、监事、高级管理人员有下列行为之一的，有限责任公司的股东、股份有限公司连续一百八十日以上单独或者合计持有公司百分之一以上股份的股东，可以书面请求监事会向人民法院提起诉讼：（一）侵占公司财产、挪用公司资金；（二）将公司资金以其个人名义或者以其他个人名义开立账户存储；（三）利用职权贿赂或者收受其他非法收入；（四）接受他人与公司交易的佣金归为己有；（五）擅自披露公司秘密；（六）违反对公司忠实义务的其他行为；（七）擅自披露公司秘密；（八）违反对公司忠实义务的其他行为。董事、高级管理人员违反前款规定所得的收入应当归公司所有。

监事会的监督方式有很多种，其中最常见的有以下三种：（一）质询权。监事可以列席股东会、董事会会议，并对董事会决议事项提出质询或者建议。（二）调查权。监事会、不设监事会的公司的监事发现公司经营情况异常，可以进行调查；必要时，可以聘请会计师事务所等协助其工作，由此产生的费用由公司承担。（三）取证权。董事、高级管理人员应当如实向监事会提供有关情况和资料。

监事会会议规则。监事会是一个常设机关，对公司经营和重大事项决策的民主化、合法化起到关键性作用，同时也为促进公司进入良性循环发展提供了机制保障。有限责任公司的监事会每年度至少召开一次，监事可以提议召开临时监事会会议。监事会的议事方式和表决程序，除本法有规定的外，由公司章程规定。监事会应当将所议事项的决定作成会议记录，出席会议的监事应当在会议记录上签名。在PPP项目实践中，监事会在股东协议或项目公司章程中应约定或规定如下事宜：（一）建议监事会每6个月至少召开一次，并应提前五日通知全体监事。监事可以提议召开临时监事会会议，并应提前五日通知全体监事。遇有紧急事项，可以通过电话、视频等其他口头方式通知全体监事等相关人员，并于监事会召开时以书面方式确认。（二）监事会会议通知，至少包括以下内容：1.会议时间、地点和会议期限；2.会议事由及议题；3.发出通知的日期。（三）监事会会议应当有过半数的监事出席方可举行。相关监事拒不出席或者怠于出席会议导致无法满足会议召开的最低人数要求的，其他监事应当及时向股东会报告。（四）监事会会议以记名投票方式、举手方式或法律法规规定的其他方式表决，每一名监事享有一票表决权，表决意向分为同意、反对和弃权。（五）监事会决议应当经全体监事过半数通过，并应当经与会监事签字确认。（六）监事会应当将所议事项的决定作成会议记录，出席会议的监事应当在会议记录上签名，会议记录应当包括以下内容：1.会议届次和召开时间、地点及方式；2.会议通知的发出情况；3.会议召集人和主持人；4.会议出席情况；5.会议的提案、每位监事对有关事项的发言要点和主要意见；6.每项提案的表决方式和表决结果，并说明具体的同意、反对、弃权票数；7.与会监事认为应当记载的其他事项。（七）监事会会议记录作为公司档案至少保存10年。

## 第五节　经营管理机构和管理制度

### 一、法定代表人

法定代表人在我国法律中的引用可以追溯到1981年颁布的《中华人民共和国经济合同法》（已失效），正式确定我国法定代表人这一概念的是1986年的《中华人民共和国民法通则》（已失效）。公司法定代表人按照公司章程的规定，由代表公司执行公司事务的董事或经理担任。担任法定代表人的董事或经理辞任的，视为同时辞去法定代表人。法定代表人辞任的，公司应当在法定代表人辞任之日起三十日内确定新的法定代表人。

法定代表人是指按照法律或法人章程的规定，代表法人从事民事活动的负责人，为法人的法定代表人。法定代表人以法人名义从事的民事活动，其法律后果由法人承受。法人章程或者法人权力机构对法定代表人代表权的限制，不得对抗善意相对人。法定代表人因执行职务造成他人损害的，由法人承担民事责任。法人承担民事责任后，依照法律或者法人章程的规定，可以向有过错的法定代表人追偿。

### （一）法定代表人任职资格的取得

符合董监高的任职条件。公司法中虽然没有对法定代表人的任职资格进行明确，但是对法定代表人人选从代表公司执行公司事务的董事或经理中产生，而公司法明确了董事、监事和高级经理的无法任职情形，实际上也是董事长的无法任职情形，具体情形如下：（1）无民事行为能力或者限制民事行为能力；（2）因贪污、贿赂、侵占财产、挪用财产或者破坏社会主义市场经济秩序，被判处刑罚，执行期满未逾五年，或者因犯罪被剥夺政治权利，执行期满未逾五年，被宣告缓刑的，自缓刑考验期满之日起未逾二年；（3）担任破产清算的公司、企业的董事或者厂长、经理，对该公司、企业的破产负有个人责任的，自该公司、企业破产清算完结之日起未逾三年；（4）担任因违法被吊销营业执照、责令关闭的公司、企业的法定代表人，并负有个人责任的，自该公司、企业被吊销营业执照、责令关闭之日起未逾三年；（5）个人所负数额较大的债务到期未清偿被人民法院列为失信执行人。公司违反前款规定选举、委派董事、监事或者聘任高级管理人员的，该选举、委派或者聘任无效。董事、监事、高级管理人员在任职期间出现本条第一款所列情形的，公司应当解除其职务。

办理登记。企业法人的法定代表人经企业登记机关核准登记，取得法定代表人资格。因此，法定代表人资格实际上是通过登记备案手续才能正式取得，该种登记备案手续实际就是公示制度，产生公示效力。若公司内部产生法定代表人而没有到公司登记机关办理登记，则不得对抗善意第三人。

### （二）法定代表人变更情形

法定代表人资格丧失变更。有下列情形之一的，不得担任法定代表人，并依法申请办理法定代表人变更登记。（1）企业登记机关不予核准登记：无民事行为能力或者限制民事行为能力的。（2）正在被执行刑罚或者正在被执行刑事强制措施的。（3）正在被公安机关或者国家安全机关通缉的。（4）因犯有贪污贿赂罪、侵犯财产罪或者破坏社会主义市场经济秩序罪，被判处刑罚，执行期满未逾五年的；因犯有其他罪，被判处刑罚，执行期满未逾三年的；或者因犯罪被判处剥夺政治权利，执行期满未逾五年的。（5）担任因经营不善破产清算的企业的法定代表人或者董事、经理，并对该企业的破产负有个人责任，自该企业破产清算完结之日起未逾三年的。（6）担任因违法被吊销营业执照的企业的法定代表人，并对该企业违法行为负有个人责任，自该企业被吊销营业执照之日起未逾三年的。（7）个人负债数额较大，到期未清偿的。（8）有法律和国务院规定不得担任法定代表人的其他情形的。

公司决定变更。公司可以根据实际需要，依据公司章程规定的程序变更法定代表人。

### （三）法定代表人签字的法律责任

1.民事责任。法人在履行职务过程中代表的是公司行为，其相应的民事责任由公司承担。如果法定代表人超越公司授权范围或无权代表，对外签订合同或交易行为，其后果依然由公司承担，但是可以追究法定代表人的责任，包括赔偿责任。同时也可以依据公司章程的规定更换法定代表人。具体责任如下：（1）因经营过错向公司承担民事赔偿责任；（2）因单独或者共同侵害公司财产可能承担的民事侵权法律责任；（3）作为股东或者公司的实际控制人的民事责任；（4）作为公司发起人的民事责任；（5）作为公司高级管理人员的民事法律责任；（6）公司破产相关的民事法律责任。

2.刑事责任。在我国刑事法律中，对单位犯罪实行单罚制和双罚制，即有的犯罪类别，直接追究主要负责人或直接责任人，不追究主要负责人或直接责任人；有的犯罪类别，既要追究主要负责人或直接责任人，也要追究单位责任。法定代表人可能会涉嫌的刑事罪名高达100多条，如虚报注册资本罪、非法吸收公众存款罪等。

3.行政责任。（1）股东或股份公司发起人需承担按期足额缴纳出资的责任。如发生虚假出资、未交付或未按期交付作为出资的货币或者非货币财产的，将由公司登记机关责令改正，可以处以五万元以上二十万元以下的罚款；情节严重的，处以虚假出资或者未出资金额百分之五以上百分之十五以下的罚款；对直接负责的主管人员和其他直接责任人员处以一万元以上十万元以下的罚款；如在公司成立后抽逃出资的，除由公司登记机关责令改正外，也将面临抽逃出资金额百分之五以上百分之十五以下的罚款；对直接负责的主管人员和其他直接责任人员处以三万元以上三十万元以下的罚款。（2）在公司进行清算时，隐匿财产，对资产负债表或者财产清单作虚假记载，或者在未清偿债务前分配公司财产的，除公司面临罚款外，法定代表人作为直接负责的主管人员或直接责任人员时，也将被处以一万元以上十万元以下的罚款。

## 二、董事长

董事会设董事长一人，也可以设副董事长，在通常情况下，董事长兼任公司的法定代表人，但是公司章程中也可以规定由总经理担任法定代表人。董事长因公司形式不同，产生方式也不尽相同。有限责任公司董事长的产生办法可由公司章程规定。股份公司董事长和副董事长由董事会以全体董事过半数选举产生；国有独资公司董事长、副董事长由国资监管机构从董事会成员中指定。

董事长的法定职权。（一）主持股东会。股东会会议由董事会召集，董事长主持；董事长不能履行职务或者不履行职务的，由副董事长主持；副董事长不能履行职务或者不履行职务的，由过半数的董事共同推举一名董事主持。（二）召集和主持董事会。董事会会议由董事长召集和主持；董事长不能履行职务或者不履行职务的，由副董事长召集和主持；副董事长不能履行职务或者不履行职务的，由过半数的董事共同推举一名董事召集和主持。董事长召集和主持董事会会议，检查董事会决议的实施情况。副董事长协助董事长工作，董事长不能履行职务或者不履行职务的，由副董事长履行职务；副董事长不能履行职务或者不履行职务的，由过半数的董事共同推举一名董事履行职务。（三）董事会的表决权。董事会决议的表决，实行一人一票。（四）检查董事会决议的实施情况。

## 三、总经理

在PPP项目实践中，我们一般建议项目公司的总经理由政府方指定人员担任。

## 四、经理

经理由董事会聘任，负责组织公司日常经营、运转和管理的日常活动的常设业务机关。经理与股东会、董事会、监事会不同，经理主要负责执行股东会、董事会、监事会的决议。经理包括公司经理、副经理、财务负责人等。有下列情形的不得担任经理：（一）无民事行为能力或者限制民事行为能力；（二）因贪污、贿赂、侵占财产、挪用财产或者破坏社会主义市场经济秩序，被判处刑罚，执行期满未逾五年，或者因犯罪被剥夺政治权利，执行期满未逾五年，被宣告缓刑的，自缓刑考验期满之日起未逾二年；（三）担任破产清算的公司、企业的董事或者厂长、经理，对该公司、企业的破产负有个人责任的，自该公司、企业破产清算完结之日起未逾三年；（四）担任因违法被吊销营业执照、责令关闭的公司、企业的法定代表人，并负有个人责任的，自该公司、企业被吊销营业执照、责令关闭之日起未逾三年；（五）个人所负数额较大的债务到期未清偿被人民法院列为失信被执行人的。公司违反上述情形的规定而选举、委派董事、监事或者聘任高级管理人员的，该选举、委派或者聘任无效。

有限责任公司、国有独资公司、股份有限公司的经理对董事会负责，由董事会决定聘任或解聘，根据公司章程的规定或者董事会的授权行使职权。经理列席董事会会议。

## 五、财务总监

财务负责人是指由总会计师或财务总监担任，并全面负责公司财务管理、会计核算与监督工作的人。

公司财务、会计内容主要包括以下情形：（一）拟订投资方案；（二）拟订公司的年度财务预算方案、决算方案；（三）拟订公司的利润分配方案和弥补亏损方案；（四）拟订公司增加或者减少注册资本以及发行公司债券的方案；（五）公司应当依照法律、行政法规和国务院财政部门的规定建立本公司的财务、会计制度；（六）公司应当在每一会计年度终了时编制财务会计报告，并依法经会计师事务所审计；（七）有限责任公司应当依照公司章程规定的期限将财务会计报告送交各股东；（八）计算、提取法定公积金、任意公积金。

# 第五章

# PPP项目公司制度管理

# 第一节 PPP项目公司章程

## 一、公司章程的概念、特性和作用

公司的设立、运行和解散等整个过程中除了应遵守包括但不限于《中华人民共和国公司法》之外，还必须遵守公司章程的调整。因此公司的股东或发起人在制定公司章程时，必须结合公司情况作出明确且详细的规定，使公司章程在内容方面做到翔实、全面，在程序方面做到合法。同时，根据公司自身需求，可以对公司章程条款进行符合自身情况的个性化设计。但是在PPP项目实践中，公司章程的个性化条款没有被足够重视。

《中华人民共和国公司法》明确规定，订立公司章程是设立公司的条件之一。登记审批机关要对公司章程进行审查，以决定是否给予批准或者给予登记。在PPP项目公司治理的实践中，大部分公司的章程内容特别是个性化条款与关键细节的设计，并未得到PPP项目公司应有的重视，并未提升到依法治企的高度，这既不符合完善公司治理的要求，也不符合股东权利的保护，同时也不利于公司有序发展。由此导致很多PPP项目在管理过程中出现章程条款欠缺，有理说不清，管理没有抓手，违约没有依据可遵循等现象。因此一个好的企业，应当从一项好的制度出发。

公司章程是股东共同一致的意思表示，载明了公司的名称、住所、组织和活动的基本原则，也规定了经营范围、管理制度等公司治理的规范性文件。

公司章程有以下四个特性：

（一）法定性。《中华人民共和国公司法》第五条规定：设立公司应当依法制定公司章程。公司章程对公司、股东、董事、监事、高级管理人员具有约束力。由此可见，公司章程的法定性主要强调公司章程的法律地位、主要内容及修改程序、效力都由法律强制规定，任何公司都不得违反，否则公司就无法满足登记条件。无论是设立有限责任公司还是设立股份有限公司，都必须由全体股东或发起人共同订立公司章程，并且必须在公司设立登记时提交公司登记机关进行登记。

（二）自治性。公司章程是公司股东依据法律规定和管理需要，在平等的基础上进行充分协商，确定公司未来的组织架构、制度建设、行为规则、权利义务等内容。公司章程的自治性主要体现在以下三个方面：

1.公司章程是公司股东之间的合意并通过文字固定，为公司发展提供了行为规范；

2.公司章程是股东依据法律规定和公司管理需要而制定的规范性文件；

3.公司章程是对公司、股东、董事、监事和其他高级管理人员具有约束力的规范性文件。

（三）真实性。公司章程的真实性主要强调公司章程记载的内容必须是股东之间的真实意思表示，且登记内容与股东之间的意思表示一致。

（四）公开性。公司章程的公开性主要表现在公司登记时提交登记公之于众和供公司股东、董事、监事和其他高级管理人员查阅及遵守。

公司章程作为公司组织与行为的基本准则，对公司成立及运营具有十分重要的作用，它既是公司成立的基础，也是公司赖以发展的纲领性文件。

1.公司设立的必要条件和最重要的纲领性文件。设立公司必须依法制定公司章程，应当向公司登记机关提交包括公司章程在内等的相关资料。公司章程对公司、股东、董事、监事、高级管理人员具有约束力。公司设立的程序从订立公司章程开始，以设立登记结束，如果没有章程，公司就不能获准成立。

2.公司章程是确定公司权利、义务关系的基本法律文件。公司章程经公司登记机关核准登记后，即对外产生法律效力。公司依据公司章程享有权利，承担义务和责任；公司股东、董事、监事和经理依据公司章程享有权利，承担义务和责任；公司章程公示后效力及于外部，如表见代表行为。

3.公司章程是公司内部管理和对外进行经济交往的基本法律依据。公司章程规定了公司的组织架构、活动原则、经营目的和范围、公司财产状况、相关主体的权利义务关系等。

## 二、公司章程的条款

根据公司章程记载的性质，公司章程条款分为必备条款和任意性条款。

### （一）公司章程必备条款

所谓必备条款，就是绝对必要记载事项，在公司章程中必须记载、不可或缺的法定事项。这些事项是涉及公司根本性质的重大事项，其中有些事项是各种公司都必然具有共同性的事项。公司的性质不同，其章程的记载事项亦不同，有限责任公司章程应当载明下列事项：

1.公司名称和住所；

2.公司经营范围；

3.公司注册资本；

4.股东的姓名或者名称；

5.股东的出资方式、出资额和出资日期；

6.公司的机构及其产生办法、职权、议事规则；

7.公司法定代表人的产生、变更方法；

8.股东会认为需要规定的其他事项。

股东应当在公司章程上签名、盖章。

股份有限公司章程应当载明下列事项：

1.公司名称和住所；

2.公司经营范围；

3.公司设立方式；

4. 公司注册资本、已发行的股份数和设立时发行的股份数，面额股的每股金额；

5. 发行类别股的，每一类别股的股份数及其权利和义务；

6. 发起人的姓名或者名称、认购的股份数、出资方式；

7. 董事会的组成、职权和议事规则；

8. 公司法定代表人的产生、变更方式；

9. 监事会的组成、职权和议事规则；

10. 公司利润分配办法；

11. 公司的解散事由与清算办法；

12. 公司的通知和公告办法；

13. 股东会认为需要规定的其他事项。

### （二）公司章程任意性条款

公司章程的任意性条款是指除《中华人民共和国公司法》明确规定的记载事项外，只要不违反法律法规的强制性规定即为有效并发生法律效力，其效力及于公司股东、董事、监事、高级管理人员等相关各方。公司章程是调整公司内部关系和经营行为的自治规则。

很多人在设立公司时，直接使用公司登记管理部门提供的通用章程范本，或者委托一些代理机构代为拟定章程及设立公司。公司登记管理部门提供这类章程范本，主要是出于便民目的，投资人拿到章程范本后，应该添加具体化、个性化的规定，以增强章程的可操作性，确保公司稳健运营，避免纠纷。否则，一旦发生纠纷，章程本身的内容就会成为裁判机关认定各方权利义务的主要依据。如果章程用的是通用版本，对于许多情形的处理缺乏约定，此时法官只能根据法律规定，对个案情况进行具体认定，导致纠纷的解决存在不确定性。

在PPP项目管理过程中，政府方之所以有时候无法进行管理，或者没有具体依据参与管理，其中最重要的原因就是项目公司章程设计未符合政府方的个性化需求。因此，在成立公司时，有必要了解章程的哪些条款可以自行约定，并根据PPP项目公司的具体情况进行深度定制。根据《中华人民共和国公司法》的相关规定，公司章程的以下部分允许公司股东或发起人自行约定。

1.公司可以修改公司章程，变更经营范围。公司的经营范围中属于法律、行政法规规定须经批准的项目，应当依法经过批准。

2.公司的法定代表人按照公司章程的规定，由代表公司执行公司事务的董事或者经理担任，并依法登记。担任法定代表人的董事或者经理辞任的，视为同时辞去法定代表人。法定代表人辞任的，公司应当在法定代表人辞任之日起三十日内确定新的法定代表人。

3.公司向其他企业投资或者为他人提供担保时，由哪些部门决议，担保的金额是否有限制，可以由章程进行规定。公司向其他企业投资或者为他人提供担保，依照公司章程的规定，由董事会或者股东会决议；公司章程对投资或者担保的总额及单项投资或者担保的数额有限额规定的，不得超过规定的限额。公司为公司股东或者实际控制人提供担保的，应当经股东会决议。前款规定的股东或者受前款规定的实际控制人支配的股东，不得参加前款规定事项的表决。该项表决由出席会议的其他股东所持表决权的过半数通过。

4.股东认缴出资额的缴纳要求（是否分期，如何分期，缴纳期限），由公司章程进行规定。股东应当按期足额缴纳公司章程中规定的各自所认缴的出资额。股东以货币出资的，应当将货币出资足额存入有限责任公司在银行开设的账户；以非货币财产出资的，应当依法办理其财产权的转移手续。股东不按照前款规定缴纳出资的，除应当向公司足额缴纳外，还应当对给公司造成的损失承担赔偿责任。

5.召开股东会会议应当提前通知全体股东，法定是“十五日前通知”，但章程可以约定其他时间。召开股东会会议，应当于会议召开十五日前通知全体股东，但是，公司章程另有规定或者全体股东另有约定的除外。股东会应当对所议事项的决定作成会议记录，出席会议的股东应当在会议记录上签名或者盖章。

6.股东的表决权，法定是“按照出资比例行使”，但章程可以约定不“按出资比例行使”。股东会会议由股东按照出资比例行使表决权，但是，公司章程另有规定的除外。

7.股东会的议事方式和表决程序，除法律另有规定的外，由公司章程规定。股东会作出决议，应当经代表过半数表决权的股东通过。股东会作出修改公司章程、增加或者减少注册资本的决议，以及公司合并、分立、解散或者变更公司形式的决议，应当经代表三分之二以上表决权的股东通过。

8.董事长、副董事长的产生办法，可以由公司章程规定。有限责任公司设董事会，其成员为三人以上，但是，《中华人民共和国公司法》第七十五条另有规定的除外。两个以上的国有企业或者两个以上的其他国有投资主体投资设立的有限责任公司，其董事会成员中应当有公司职工代表；其他有限责任公司董事会成员中可以有公司职工代表。董事会中的职工代表由公司职工通过职工代表大会、职工大会或者其他形式民主选举产生。董事会设董事长一人，可以设副董事长。董事长、副董事长的产生办法由公司章程规定。

9.董事的任职期限，法定每届不超3年，但具体可以由公司章程规定。董事任期由公司章程规定，但每届任期不得超过三年。董事任期届满，可以连选连任。董事任期届满未及时改选，或者董事在任期内辞职导致董事会成员低于法定人数的，在改选出的董事就任前，原董事仍应当依照法律、行政法规和公司章程的规定，履行董事职务。董事辞任的，应当以书面形式通知公司，公司收到通知之日辞任生效，但存在前述情形的，董事应当继续履行职务。

10.董事会的议事方式及表决程序，除法律另有规定的外，可以由公司章程规定。董事会应当对所议事项的决定作成会议记录，出席会议的董事应当在会议记录上签名。董事会决议的表决，实行一人一票。

11.经理职权，可以由章程进行规定。有限责任公司可以设经理，由董事会决定聘任或者解聘。经理对董事会负责，行使下列职权：主持公司的生产经营管理工作，组织实施董事会决议；组织实施公司年度经营计划和投资方案；拟订公司内部管理机构设置方案；拟定公司的基本管理制度；制定公司的具体规章；提请聘任或者解聘公司副经理、财务负责人；决定聘任或者解聘除应由董事会决定聘任或者解聘以外的负责管理人员；董事会授予的其他职权。公司章程对经理职权另有规定的，从其规定。经理列席董事会会议。

12.董事职权，可以由公司章程规定。股东人数较少或者规模较小的有限责任公司，可以设一名董事，不设董事会。该董事可以兼任公司经理。执行董事的职权由公司章程规定。

13.有限责任公司监事会中职工代表的法定比例不得低于三分之一，具体比例由公司章程规定。有限责任公司设监事会，其成员不得少于三人。股东人数较少或者规模较小的有限责任公司，可以设一名监事，不设监事会。监事会应当包括股东代表和适当比例的公司职工代表，其中职工代表的比例不得低于三分之一，具体比例由公司章程规定。监事会中的职工代表由公司职工通过职工代表大会、职工大会或者其他形式民主选举产生。监事会设主席一人，由全体监事过半数选举产生。监事会主席召集和主持监事会会议；监事会主席不能履行职务或者不履行职务的，由过半数监事共同推举一名监事召集和主持监事会会议。董事、高级管理人员不得兼任监事。

14.监事的职权和议事方式，除法律另有规定外，可以由章程规定。监事会每年度至少召开一次会议，监事可以提议召开临时监事会会议。监事会的议事方式和表决程序，除公司法另有规定的外，由公司章程规定。监事会决议应当经全体监事过半数通过。监事会决议的表决，应当一人一票。监事会应当对所议事项的决定作成会议记录，出席会议的监事应当在会议记录上签名。

15.公司股权的转让条件、要求，可以由公司章程进行规定。有限责任公司的股东之间可以相互转让其全部或者部分股权。股东向股东以外的人转让股权，应当将股权转让的数量、价格、支付方式和期限等事项书面通知其他股东，其他股东在同等条件下有优先购买权。股东自接到书面通知之日起三十日内未答复的，视为放弃优先购买权。两个以上股东行使优先购买权的，协商确定各自的购买比例；协商不成的，按照转让时各自的出资比例行使优先购买权。公司章程对股权转让另有规定的，从其规定。

16.股东资格是否允许继承，可以由公司章程规定（章程可以禁止股东资格的继承）。自然人股东死亡后，其合法继承人可以继承股东资格，但是，股份转让受限的股份有限公司的章程另有规定的除外。

17.公司章程可以规定，股东会选举董事、监事时，实行“累积投票制”。累积投票制，是指股东会选举董事或者监事时，每一股份拥有与应选董事或者监事人数相同的表决权，股东拥有的表决权可以集中使用。

18.高级管理人员，包括公司法规定的“公司经理、副经理、财务负责人、PPP项目公司董事会秘书”，以及公司章程规定的其他人员（公司章程可以规定哪些人员属于公司的“高级管理人员”）。高级管理人员，是指公司的经理、副经理、财务负责人，PPP项目公司董事会秘书和公司章程规定的其他人员；控股股东，是指其出资额占有限责任公司资本总额百分之五十以上或者其持有的股份占股份有限公司股本总额超过百分之五十的股东；出资额或者持有股份的比例虽然低于百分之五十，但依其出资额或者持有的股份所享有的表决权已足以对股东会的决议产生重大影响的股东；实际控制人，是指通过投资关系、协议或者其他安排，能够实际支配公司行为的人；关联关系，是指公司控股股东、实际控制人、董事、监事、高级管理人员与其直接或者间接控制的企业之间的关系，以及可能导致公司利益转移的其他关系。但是，国家控股的企业之间不因同受国家控股而具有关联关系。

19.股份有限公司监事会中职工代表的比例不得低于三分之一，具体由公司章程规定。股份有限公司设监事会，其成员不得少于三人。监事会应当包括股东代表和适当比例的公司职工代表，其中职工代表的比例不得低于三分之一，具体比例由公司章程规定。监事会中的职工代表由公司职工通过职工代表大会、职工大会或者其他形式民主选举产生。监事会设主席一人，可以设副主席。监事会主席和副主席由全体监事过半数选举产生。监事会主席召集和主持监事会会议；监事会主席不能履行职务或者不履行职务的，由监事会副主席召集和主持监事会会议；监事会副主席不能履行职务或者不履行职务的，由过半数监事共同推举一名监事召集和主持监事会会议。董事、高级管理人员不得兼任监事。《中华人民共和国公司法》第五十二条关于有限责任公司监事任期的规定，适用于股份有限公司监事。

20.股份有限公司监事会的议事方式和表决程序，除法律另有规定的外，可以由公司章程规定。监事会每年度至少召开一次会议。监事可以提议召开临时监事会会议。监事会决议应当经全体监事过半数通过。监事会应当对所议事项的决定作成会议记录，出席会议的监事应当在会议记录上签名。

21.公司董事、监事、高级管理人员转让其所持公司股份时，除了要受公司法的限制，同时也要受章程的限制（章程可以对这些人员的股权进行转让，设置额外的限制性规定）。公司公开发行股份前已发行的股份，自公司股票在证券交易所上市交易之日起一年内不得转让。法律、行政法规或者国务院证券监督管理机构对上市公司的股东、实际控制人转让其所持有的本公司股份另有规定的，从其规定。公司董事、监事、高级管理人员应当向公司申报所持有的本公司的股份及其变动情况，在就任时确定的任职期间每年转让的股份不得超过其所持有本公司股份总数的百分之二十五；所持本公司股份自公司股票上市交易之日起一年内不得转让。上述人员离职后半年内，不得转让其所持有的本公司股份。公司章程可以对公司董事、监事、高级管理人员转让其所持有的本公司股份作出其他限制性规定。股份在法律、行政法规规定的限制转让期限内出质的，质权人不得在限制转让期限内行使质权。

22.对于有限责任公司，章程可以规定公司将财务会计报告送交各股东的期限。有限责任公司应当依照公司章程规定的期限将财务会计报告送交各股东。股份有限公司的财务会计报告应当在召开股东会年会的二十日前置备于本公司，供股东查阅；公开发行股票的股份有限公司必须公告其财务会计报告。

23.对于股份有限公司，公司章程可以规定，不按持股比例分红。公司分配当年税后利润时，应当提取利润的百分之十列入公司法定公积金。公司法定公积金累计额为公司注册资本的百分之五十以上的，可以不再提取。公司的法定公积金不足以弥补以前年度亏损的，在依照前款规定提取法定公积金之前，应当先用当年利润弥补亏损。公司从税后利润中提取法定公积金后，经股东会决议，还可以从税后利润中提取任意公积金。公司弥补亏损和提取公积金后所余税后利润，有限责任公司依照公司法第三十四条的规定分配；股份有限公司按照股东持有的股份比例分配，但股份有限公司章程规定不按持股比例分配的除外。股东会或者董事会违反前款规定，在公司弥补亏损和提取法定公积金之前向股东分配利润的，股东必须将违反规定分配的利润退还公司。公司持有的本公司股份不得分配利润。

24.承办公司审计业务的会计师事务所的聘用、解聘，由公司章程规定。公司聘用、解聘承办公司审计业务的会计师事务所，依照公司章程的规定，由股东会、董事会或者监事会决定。公司股东会、董事会或者监事会就解聘会计师事务所进行表决时，应当允许会计师事务所陈述意见。

25.章程可以规定公司的营业期限，或者“解散事由”。公司因下列原因解散：公司章程规定的营业期限届满或者公司章程规定的其他解散事由出现；股东会决议解散；因公司合并或者分立需要解散；依法被吊销营业执照、责令关闭或者被撤销；人民法院依照《中华人民共和国公司法》相关规定予以解散。

## 第二节　PPP项目公司公益董事制度

### 一、公益董事的来源

早在20世纪40年代，国外就已经出现了公益董事制度，到了80年代，公益董事制度开始在美国盛行，并在国际上产生广泛影响。90年代初期，按照香港交易所上市要求，内地企业赴港上市的，应在公司内部设立了公益董事，公益董事制度在内地获得长足发展。公益董事制度建立的初衷是抑制内部人控制和控制权行为的发生。公益董事能够在一定程度上规避大股东掏空的现象，保护中小股东的合法权益不受侵害，发挥监督控制职能，提高董事会专业化决策水平，并且能够利用自身的能力和专业素养为企业带来有价值的资源，保证企业的规范运作。

在PPP项目管理实践中，PPP项目公司也可以为有序管理项目公司，保障社会公众利益和公共安全，及时掌握城市市政公用事业特许经营协议的执行情况，建立公益董事制度。公益董事制度可以推动公用事业特许经营管理的城市供水、供气（管道燃气）、公共交通、污水处理、垃圾处理等行业的发展，代表政府方承担维护社会公共利益的责任。

公益董事制度需要在合作协议或特许经营协议中予以明确。同时，PPP项目公司内部制度框架股权结构、董事会结构、监事会结构及其他高级管理人员，应当充分考虑各制度设计的合理性、科学性和全面性。只有在公司治理的内部制度框架结构中设计好公益董事的权利、责任以及行使的方式与范围等内容，才能充分保障公益董事履行职责的独立性。公益董事制度的独立性设计主要体现在以下三个方面：（一）保证公益董事的独立性区别于其他监督群体的独立性；（二）保证公益董事成为董事会群体中重要的决策力量，使其成为公正的判断力；（三）在不损害公益董事独立性的前提下最大限度地调动公益董事的工作热情。

## 二、公益董事的选任

PPP项目公司章程应规定公益董事的选任条件、提名方式和程序，并符合《中华人民共和国公司法》等法律法规的相关规定。PPP项目公司确定公益董事具体人选时，应全面考虑其业务经营、财务管理、人力资源和其他规范运作等方面的需要，保证PPP项目公司董事会能有效实现对PPP项目公司的管理，稳定有序地提高公司治理水平。公益董事候选人任职有下列情形之一的，不得担任公司的公益董事：

（一）无民事行为能力或者限制民事行为能力；

（二）因贪污、贿赂、侵占财产、挪用财产或者破坏社会主义市场经济秩序，被判处刑罚，执行期满未逾五年，或者因犯罪被剥夺政治权利，执行期满未逾五年，被宣告缓刑的，自缓刑考验期满之日起未逾二年；

（三）担任破产清算的公司、企业的董事或者厂长、经理，对该公司、企业的破产负有个人责任的，自该公司、企业破产清算完结之日起未逾三年；

（四）担任因违法被吊销营业执照、责令关闭的公司、企业的法定代表人，并负有个人责任的，自该公司、企业被吊销营业执照、责令关闭之日起未逾三年；

（五）个人所负数额较大的债务到期未清偿被人民法院列为失信被执行人的。

公司违反前款规定选举、委派董事、监事或者聘任高级管理人员的，该选举、委派或者聘任无效。

董事、监事、高级管理人员在任职期间出现本条第一款所列情形的，公司应当解除其职务。

## 三、公益董事的职权

公益董事行使下列职权：

（一）召集股东会会议，并向股东会报告工作；

（二）执行股东会的决议；

（三）决定公司的经营计划和投资方案；

（四）制订公司的利润分配方案和弥补亏损方案；

（五）制订公司增加或者减少注册资本以及发行公司债券的方案；

（六）制订公司合并、分立、解散或者变更公司形式的方案；

（七）决定公司内部管理机构的设置；

（八）决定聘任或者解聘公司经理及其报酬事项，并根据经理的提名决定聘任或者解聘公司副经理、财务负责人及其报酬事项；

（九）制定公司的基本管理制度；

（十）重大关联交易事项的事先认可权；

（十一）召开临时股东会的提议权；

（十二）监督和调查权；

（十三）必要时，独立聘请中介机构发表专业意见的权利，相关费用由

PPP项目公司承担；

（十四）法律、行政法规、部门规章、规范性文件、公司章程赋予的其他职权。

## 四、公益董事的独立性

公益董事负有《中华人民共和国公司法》等法律、法规、部门规章和公司章程要求董事的一般义务，对PPP项目公司及全体股东负有诚信、勤勉义务，尤其要关注政府方的合法权益不受侵害。

公益董事应当保持身份和履职的独立性，在履职过程中，不应受PPP项目公司控股股东、实际控制人及其他与公司存在利害关系的单位或个人影响；当发生对身份独立性构成影响时，公益董事应当及时通知公司消除情形，无法符合独立性条件的，应当提出辞职。

### （一）意见的独立性

公益董事应就如下事项向股东会或董事会发表独立意见，包括但不限于以下内容：

1.对外担保；

2.重大关联交易；

3.董事的提名、任免；

4.聘任或解聘高级管理人员；

5.董事、高级管理人员的薪酬和股权激励计划；

6.变更融资资金用途；

7.制订利润分配政策、利润分配方案及现金分红方案；

8.因会计准则变更以外的原因作出会计政策、会计估计变更或重大会计差错更正；

9.管理层收购；

10.重大资产重组；

11. 内部控制评价报告；

12. 公司章程的修改；

13. 公司各项规章制度的制定或修改；

14. 公益董事认为可能损害PPP项目公司及其中小股东权益的其他事项。

### （二）公益董事发表独立意见的内容

公益董事对PPP项目公司的相关事项出具的独立意见包括下列内容：

1. 相关事项的基本情况。

2. 发表意见的依据，包括所履行的程序、核查的文件、现场检查的内容等。

3. 相关事项的合法合规性。

4. 对PPP项目公司和中小投资者权益的影响、可能存在的风险以及公司采取的措施是否有效。

5. 发表的结论性意见，如果对相关事项提出保留意见、反对意见或无法发表意见的，公益董事应当明确说明理由。公益董事应当对出具的独立意见签字确认，并将上述意见及时报告董事会。

### （三）任职时间的独立性

公益董事每届任期与董事会任期相同，每届任期不超过三年，同时最好不要连任。

## 五、公益董事的权利

### （一）获得津贴的权利

公益董事有从PPP项目公司领取适当津贴的权利，但是不得从其任职的PPP项目公司所属的子公司或母公司、控股股东或有利害关系的机构及人员处取得其他任何收益。

### （二）PPP项目公司相关信息的知情权

凡是经过董事会审议的事项，PPP项目公司必须按照规定的时间通知公益董事并同时提供真实、准确、完整的资料，公益董事认为资料不充分的，可以要求补充。

### （三）PPP项目公司为公益董事履职提供支持和帮助

公益董事有权要求PPP项目公司其他董事、监事、高级管理人员积极配合、保证其依法行使职权，为公益董事履行职责提供支持和帮助，具体事项包括但不限于：

1.定期通报并及时报送PPP项目公司运营情况；

2.配合公益董事进行与履职相关的调查；

3.公益董事认为有必要召开专项会议的，PPP项目公司应当为其提供会议场所等便利条件；

4.积极配合公益董事调阅相关材料，并通过安排实地考察、组织中介机构等汇报方式，为公益董事提供必要的支持和便利；

5.要求PPP项目公司相关负责人员配合对公益董事工作笔录中涉及的与公益董事履职有关的重大事项签字确认；

6.公益董事履职过程中需PPP项目公司提供的其他与履职相关的便利和配合；

7.承担公益董事聘请中介机构及行使其他职权所必需的费用。

## 六、公益董事的义务

### （一）忠实义务

公益董事应当遵守对PPP项目公司的忠实义务，不得为PPP项目公司实际控制人、股东、员工、本人或其他第三方的利益损害PPP项目公司的利益。

公益董事应向PPP项目公司全面披露其近亲属姓名、本人及其近亲属是否与PPP项目公司经营同类业务、是否与PPP项目公司存在业务往来或其他债权债务关系、是否持有PPP项目公司股份等利益往来或冲突事项。

公益董事应遵守PPP项目公司利益优先的原则，对PPP项目公司与实际控制人、个别股东或者特定董事提名人的交易或债权债务往来事项审慎决策。关联董事应根据公司章程、董事制度等相关规范性文件的规定回避表决。

未经政府方同意，公益董事不得为其本人及其近亲属寻求属于PPP项目公司的商业机会。

公益董事应保守PPP项目公司的秘密，不得泄露PPP项目公司尚未对外披露的重大信息。

### （二）勤勉义务

公益董事应积极履行对公司的勤勉义务，从最大限度地保护PPP项目公司和全体股东利益出发，对PPP项目公司待决策事项可能产生的风险和收益作出审慎判断与决策，不得仅以对公司业务不熟悉或者对公司相关事项不了解为由主张免除责任。

公益董事应保证有足够的时间和精力参与PPP项目公司事务，对需要提交董事会审议的事项作出审慎周全的判断和决策。

公益董事应关注董事会审议事项的决策程序，特别是关注相关事项的提议程序、决策权限、表决程序和回避事宜。

公益董事原则上应出席董事会会议并作出决策。公益董事因故不能出席董事会会议的，应当事先审阅会议材料，形成明确的意见，书面委托PPP项目公司的其他董事代为出席。委托书应当载明：1.委托人和受托人姓名；2.对受托人的授权范围；3.委托人对每项议案表决意向的指示；4.委托人的签字、日期。公益董事不应出具空白委托书，也不宜对受托人全权委托，公益董事不因委托其他董事出席而免除董事对表决事项的责任。授权应当一事一授。受托出席董事会会议的董事应当向会议主持人提交书面委托书，在会议签到簿上说明受托出席的情况。公益董事一年内出席董事会会议少于当年董事会议次数五分之一的，PPP项目公司监事会应对其履职情况进行审议，就其是否勤勉尽责作出决议并公告。

公益董事审议提交董事会决策事项时，应主动要求相关工作人员提供详备资料、作出详细说明，谨慎考虑相关事项的因素，具体如下：

1.损益和风险；

2.作价依据和方法；

3.可行性和合法性；

4.该等事项对公司持续发展的潜在影响。

各董事应就待决策的事项发表明确的讨论意见并记录在册后，再行投票表决。董事会的会议记录和表决应妥善保管。

公益董事认为相关决策事项不符合法律法规相关规定的，应在董事会会议上提出。董事会坚持作出通过该等事项的决议的，公益董事应及时向政府方或股东会报告。

公益董事在董事会休会期间应重点关注PPP项目公司事务，对于重大事项或者市场传闻，董事应要求PPP项目公司相关人员及时予以说明或者澄清，必要时应提议召开董事会会议。

公益董事应积极关注PPP项目公司利益，发现PPP项目公司行为或者其他第三方行为可能损害公司利益的或者政府方利益的，应要求相关方予以说明或者纠正，并及时向董事会报告，必要时应提议召开董事会会议。

公益董事应监督PPP项目公司治理结构的规范运作情况，积极推动PPP项目公司各项内部制度建设，纠正公司日常运作与法律法规、公司章程不符的行为，提出改进公司治理结构的建议。

公益董事发现PPP项目公司或者董事、监事、高级管理人员存在涉嫌违法违规行为时，应要求相关方立即纠正或者停止，并及时向董事会、股东会和政府方报告工作。

## 七、公益董事应重点关注的工作内容

公益董事在工作中应当重点关注PPP项目公司的关联交易、对外担保、融资资金使用、并购重组、重大投融资活动、财务管理、高管薪酬、利润分配和信息披露等事项，必要时应根据有关规定主动提议召开董事会、提交股东会审议或者聘请会计师事务所、律师事务所等中介机构对相关事项进行审计、核查或者发表意见。PPP项目公司股东之间或者董事之间发生冲突、对公司经营管理造成重大影响的，公益董事应当主动履行职责，维护PPP项目公司整体利益，并向股东会和政府方报告。公益董事应当将其履行职责的情况记入公益董事工作笔录，包括但不限于对PPP公司生产经营情况、管理和内部控制等制度的建设及执行情况、董事会决议执行情况等进行调查、与公司管理层讨论、参加公司董事会、发表独立意见等内容。公益董事工作笔录由公益董事与PPP项目公司内部机构、工作人员以及第三方公司、人员的工作邮件、电话、短信及微信等电子通信往来记录组成。

（一）对外担保事项。公益董事审查对外担保事项，应当关注被担保对象的基本情况，如经营和财务状况、资信情况，纳税情况等，对被担保方偿还债务的能力以及反担保方的实际承担能力作出审慎判断。必要时，公益董事可要求PPP项目公司提供作出判断所需的相关信息。

公益董事应特别关注董事会会议相关审议内容及程序是否符合相关法律、行政法规、部门规章、规范性文件、公司章程中的规定。

公益董事应就PPP项目公司对外担保事项发表独立意见，并应当在年度报告中，对PPP项目公司累计和当期对外担保情况、执行上述规定情况进行专项说明。必要时可以聘请会计师事务所对PPP项目公司累计和当期对外担保情况进行核查。公益董事对外担保事项得到纠正时，应出具专项意见。公益董事在审议PPP项目公司对外担保事项时发现异常，应及时提醒董事会采取措施，必要时向政府方报告。

（二）关联交易事项。公益董事应当关注PPP项目公司与关联方之间的交易和资金往来情况。了解PPP项目公司是否存在被控股股东、实际控制人及其关联方占用、转移资金，资产及其他资源的情形。如发现异常情况，及时提醒董事会，并采取相应措施，必要时向政府方报告。

对于具体关联交易事项，公益董事需要对关联交易的必要性、真实意图、对PPP项目公司的影响作出审慎判断，特别关注交易的定价政策及定价依据、评估值的公允性、交易标的成交价格与账面值或评估值之间的关系等。重大关联交易事项提交董事会讨论前，应当事先取得公益董事的认可意见。

（三）融资资金项目和使用事项。公益董事应当关注PPP项目公司融资资金的使用情况，督促PPP项目公司建立融资资金管理和使用制度，以控制投资风险、保障资金安全。

公益董事应当关注融资资金实际使用情况与PPP项目公司披露情况是否存在差异，如果存在，应及时提醒董事会，并采取相应措施，必要时向政府方报告。

对于PPP项目公司需要改变融资资金用途、将闲置资金用于投资、暂时用于补充流动资金和归还银行借款的，公益董事发表独立意见之前，可以要求相关人员就新投资项目的可行性、项目收益及风险预测等进行论证。

（四）利润分配事项。PPP项目公司在制订利润分配方案时，公益董事应当认真研究和论证PPP项目公司分红的时机、条件和最低比例、调整的条件及其决策程序要求等事宜并发表明确意见。同时可以征求小股东的意见，提出分红方案，并将事宜直接提交董事会。

PPP项目公司在本年度内盈利但董事会未提出现金利润分配预案的，公益董事有权督促PPP项目公司在年度报告中披露原因及未用于分红的资金留存公司的用途。对于有能力分红但不分红的，公益董事应发表独立意见，并向政府方报告。

（五）对于PPP项目公司董事会的授权事项，公益董事应当对授权的范围、合法性、合理性和风险进行审慎判断，充分关注是否超出PPP项目公司章程、股东会议事规则和董事会议事规则等规定的授权范围，授权事项是否存在重大风险。

（六）公益董事应当就PPP项目公司董事的提名、任免发表独立意见。在审议PPP项目公司董事的提名、任免时，公益董事应关注相关人员的提名、任免程序是否可能对公司经营、发展和公司治理造成重大影响，程序是否完备。

（七）公益董事应当就PPP项目公司聘任或解聘高级管理人员发表独立意见。在审议聘任或解聘高级管理人员时，公益董事应关注相关人员的提名、任免程序是否可能对公司经营、发展和公司治理造成重大影响，程序是否完备。

（八）公益董事应当就PPP项目公司董事、高级管理人员的薪酬和股权激励计划发表独立意见。在审议公司董事、高级管理人员的薪酬和股权激励计划草案时，公益董事应关注公司董事、高级管理人员的薪酬和股权激励计划是否有利于公司的长期发展，是否存在可能损害中小股东利益的情形。

（九）公益董事就PPP项目公司制定资本公积金转增股本预案发表独立意见的，在审议该公司制定资本公积金转增股本预案时应关注相关预案是否有利于公司的长期发展，是否可能损害中小股东的利益。

（十）公益董事就PPP项目公司因会计准则变更以外的原因作出会计政策、会计估计变更或重大会计差错更正发表独立意见的，应当关注该公司是否存在利用上述事项调节各期利润。公益董事认为有必要的，可以聘请独立会计师事务所，对会计政策变更、会计估计变更、重大会计差错更正等事项的可行性、是否有利于PPP项目公司的持续发展发表专业意见。

（十一）公益董事应当就PPP项目公司重大资产重组事项发表独立意见。对于重大资产重组及相关资产评估事项，公益董事需要在充分了解相关信息的基础上，关注资产评估机构的独立性、评估假设前提的合理性、评估定价的公允性和重组方案的合理合规性；构成关联交易的，公益董事可以另行聘请独立财务顾问就本次交易对PPP项目公司非关联股东的影响发表意见。

（十二）公益董事应当对PPP项目公司内部控制评价报告发表独立意见。对于PPP项目公司内部控制评价报告，公益董事应关注报告内容是否完备、相关情况是否属实。

（十三）公益董事应当对PPP项目公司承诺相关方的承诺变更方案发表独立意见。PPP项目公司承诺相关方（PPP项目公司及其实际控制人、股东、关联方、收购人）在融资、并购重组以及公司治理专项活动等过程中作出的解决同业竞争、资产注入、股权激励、解决产权瑕疵等各项承诺事项，除相关法律法规、政策变化、自然灾害等自身无法控制的客观原因外，承诺确已无法履行或者履行承诺不利于维护PPP项目公司权益时，对于承诺相关方提出的变更方案，公益董事应发表意见。发表意见时，公益董事应关注相关变更方案是否合法合规、是否有利于保护PPP项目公司或其他投资者的利益。

（十四）PPP项目公司中的公益董事应当就PPP公司开展延伸新业务事项发表独立意见。对PPP项目公司开展延伸新业务的原因及合理性、新业务准备情况、行业情况、审批情况进行审慎判断，对延伸新业务的影响及存在的风险充分发表独立意见。

## 八、公益董事年度述职

公益董事的述职报告以工作笔录作为依据，对履行职责的时间、地点、工作内容、后续跟进等进行具体描述，由公益董事签字确认后交公司连同年度股东会资料共同存档保管。公益董事年度述职报告具体内容如下：

（一）上一年度出席董事会会议及股东会会议的情况；

（二）在董事会会议上发表意见和参与表决的情况及表决结果的原因；

（三）对公司生产经营、制度建设、董事会决议执行情况等进行调查，与公司管理层进行讨论，对公司重大投资、生产、建设项目进行实地调研的情况；

（四）参加培训的情况；

（五）按照相关法律、法规、部门规章、规范性文件、公司章程履行公益董事职务所做的其他工作。

## 九、资料保管

公益董事就会议审议的相关事项进行的询问、调查、讨论等均应形成书面文件，与PPP项目公司之间的各种来往信函、传真、电子邮件等资料应予保存，与公司工作人员之间的工作通话可以在事后作成要点记录。董事会会议如果采取电话或者视频会议方式召开，则公益董事有权要求录音、录像，会后应检查并保存其电子副本。前述资料连同公司向公益董事提供的纸质及电子资料，公益董事应及时整理并妥善保存，必要时可要求公司提供相应协助。

# 第三节　PPP项目公司公众参与监督制度

公众参与监督制度旨在PPP项目工程能够顺利实施完成并且为了维护社会公众利益和公共安全，有效履行政府行政管理与监督职责，充分吸收社会公众对公用事业的意见和建议，尊重公众的知情权，鼓励公众参与监督和接受公众监督的一种制度。公众参与监督制度适用于实施PPP项目的所有领域，包括但不限于供水、供气、公共交通、污水处理、垃圾处理等行业。

为便于公众监督，公用事业主管部门和PPP项目公司应及时公开公用事业发展、建设和相关经营管理信息，其内容如下：

（一）供水企业：年度生产经营计划、销售与服务网点分布、销售量及构成情况、建设投资情况、水源和管网水质监测数据和分析报告、管网水压情况、水价及构成情况、配合实施专项规划情况、安全生产工作情况等。

（二）供气企业：年度生产经营计划、销售与服务网点分布、建设投资情况、管网气质情况、气价及构成情况、配合实施专项规划情况、安全生产工作情况等。

（三）公共交通企业：年度生产经营计划、线路和服务班次安排情况、建设投资情况、票价及构成情况、配合实施专项规划情况、安全生产工作情况等。

（四）污水处理企业：进厂出厂水质、进厂出厂水量、污泥处置情况、建设投资情况、水处理服务费及构成情况、配合实施专项规划情况、安全生产工作情况等。

（五）垃圾处理企业：城市垃圾无害化处理情况、建设投资情况、垃圾处理服务费及构成情况、配合实施专项规划情况、安全生产工作情况。

社会公众依据相关法律、法规、标准以及政府的规范性文件对市政公用行业进行监督，其监督的主要内容为：

（一）PPP项目公司产品质量与服务质量情况；

（二）公众投诉意见和建议的处理情况；

（三）安全生产工作情况、运行事故的调查处理情况；

（四）市政公用事业单位产品与服务价格情况、建设投资情况；

（五）执行法律法规规章情况和履行社会服务承诺情况。

社会公众参与监督公用行业和PPP项目公司服务与经营行为的方式多种多样，包括但不限于以下方式：

（一）通过登门询问、电话沟通、信函邮件等方式反映；

（二）通过人大建议案、政协提案等方式调研了解；

（三）通过政府电子网络等间接方式反映。

相关管理部门或PPP项目公司受到公众监督后，应当及时了解情况，核实PPP项目披露信息的真实性，对照法律、法规和标准规范，作出明确的答复。如果确实需要加强整改的，相关管理部门应当督导有关企业整改工作，PPP项目公司应当及时、高效完成。

PPP项目管理部门也可以通过多种方式征询收集社会公众的意见和反映，定期组织社会满意度调查，通过召开新闻发布会、发布公示或通知，公布企业服务承诺等方式发布公司行业监管信息。

# 第四节　PPP项目公司履约保证制度

履约保障边界条件是项目边界条件（项目合同的核心内容）之一，履约保障边界主要明确强制保险方案以及由投资竞争保函、建设履约保函、运营维护保函和移交维修保函组成的履约保函体系。本节将主要针对PPP项目合同中履约保障体系内容进行阐述。

## 一、履约担保

履约担保可以广义解释为“为了保证项目公司按照合同约定履行合同并实施项目所设置的各种机制”。我们可以理解为PPP项目中的履约担保体系包括两个层面，第一层面为中选社会资本方/项目公司与政府方之间，第二层面为项目公司与项目其他参与方（主要为施工方、原料供应商、受托运营商等）之间，本节仅对第一层面履约担保体系进行阐述。

原则上PPP项目都需要设立履约担保，但该项目公司的资信水平和项目本身的机制足以确保项目公司不提供履约担保同样能够按照合同约定履行，且在项目公司违约的情形下，若政府有足够的救济手段，则无须项目公司提供履约担保。结合相关规定以及已有的PPP项目实践来看，当前的PPP项目几乎都设置了履约担保机制。

根据项目合同指南，履约担保的一般选择原则（选择的担保方式和担保额度）包括两点：

（一）“所选用的担保方式可以担保项目公司按合同约定履行”，即担保的履约威慑力足够；

（二）“在出现违约情形下政府有足够的救济手段”，即便于政府方实行违约救济。根据通用合同指南，PPP项目合同中的履约担保事项包括“履约担保的类型、提供方式、提供时间、担保额度、兑取条件和退还等”，为落实上述选择原则，PPP项目合同的履约担保条款通常会明确上述内容。

根据项目合同指南及相关规定，以项目所处细分阶段的不同，PPP项目中常见的履约担保类型包括如下五种：

| 序号 | 项目阶段 | 担保类型 |
|---|---|---|
| 1 | 采购阶段 | 投标担保 |
| 2 | 采购完成后前提条件实现前（如有） | 前提条件成就担保 |
| 3 | 建设期 | 建设期履约担保 |
| 4 | 运营期 | 运维履约担保 |
| 5 | 期满终止日前的12个月至项目期满移交后12个月内 | 移交维修担保 |

上述担保又可区分为投标竞争担保及履约担保，前者的目的在于促使投标阶段社会资本遵循相应的采购竞争规则，即上表中的投标担保；后者存在于项目采购完成合同签订后（履约阶段），目的在于促使社会资本方/项目公司妥善履约，通常包括上表中第2至5项担保。就上述担保类型应注意以下两点：

（一）上述担保为常见类型，但并非必设，实践中应根据项目特点选择设置相应的担保类型。由于建设期内政府方相对缺乏督促社会资本履约的抓手，通常会设置建设期履约担保；而在运维期，考虑到政府方已开始付费，通常会选择是否设置运维履约担保；对设有前提条件的项目，可选择设置相应担保以促成前提条件的实现；对于移交维修担保，应根据项目具体情况谨慎设置，通常对于设有恢复性大修或要求社会资本履行类似维修责任的项目，针对维修责任的履行及对履行效果的监督，适宜设置移交维修担保，但对未设有相应维修责任的项目，建议区分项目类型决定是否设置移交维修担保。

（二）各阶段履约担保的设置应注意妥善衔接，以构成较为完整的担保体系。

| 法律文件 | 相关规定 |
| --- | --- |
| 《中华人民共和国政府采购法实施条例》 | 投标保证金应当以支票、汇票、本票或者金融机构、担保机构出具的保函等非现金形式提交。<br>采购文件要求中标者或成交供应商提交履约保证金的，供应商应当以支票、汇票、本票或者金融机构、担保机构出具的保函等非现金形式提交。 |
| 《中华人民共和国招标投标法实施条例》 | 依法必须进行招标的项目的境内投标单位，以现金或者支票形式提交的投标保证金应当从其基本账户转出。 |

**1.投标担保**

根据《中华人民共和国政府采购法实施条例》及相关规定，投标保证金应当以支票、汇票、本票或者金融机构、担保机构出具的保函等非现金形式提交。但《中华人民共和国招标投标法实施条例》并未将担保形式限制于此，该条例规定投标保证金可以现金形式提交。

**2.履约担保**

除投标保证金具有上述特殊性外，履约保证金应为“支票、汇票、本票或者金融机构、担保机构出具的保函等非现金形式”，对此，《中华人民共和国政府采购法实施条例》已明确。

保函是当前项目实践中应用最为广泛的担保形式。应注意的是，虽然相关规定已明确担保形式包括“金融机构、担保机构出具的保函”，但实际上项目实施机构对保函出具方往往有明确要求，如“国有大型银行出具的保函”。此外，在部分PPP项目中政府方要求社会资本方/项目公司缴纳现金投标保证金和履约保证金，这与《中华人民共和国政府采购法实施条例》及相关规定中的“非现金形式”存在冲突。

| 法律文件 | 相关规定 |
| --- | --- |
| 《中华人民共和国政府采购法实施条例》 | 投标保证金不得超过采购项目预算金额的2%。<br>履约保证金的数额不得超过政府采购合同金额的10%。 |
| 《政府采购非招标采购方式管理办法》 | 保证金数额应当不超过采购项目预算的2%。 |

续表

| 法律文件 | 相关规定 |
| --- | --- |
| 《政府采购竞争性磋商采购方式管理暂行办法》 | 磋商保证金数额应当不超过采购项目预算的2%。 |
| 《中华人民共和国招标投标法实施条例》 | 投标保证金不得超过招标项目估算价的2%。<br>履约保证金不得超过中标合同金额的10%。 |

根据上述规定：投标保证金数额应不超过项目预算金额/招标项目估算价的2%。我们认为，上述规定中履约保证金的数额应为履约各阶段所有保证金之和，而非指单一阶段金额。

另外，对于履约保证金的数额，在项目合同中需要关注以下约定：

1. 明确被扣除的担保金额应由担保提供方及时补足恢复至规定金额。为了维持履约担保的效力，PPP项目合同中通常约定在政府方提取履约保证金以后，项目公司有限期补足履约担保金额的义务，否则政府方有权从政府付费中予以扣除。

2. 根据项目自身特点，设置根据项目进度相应降低担保金额的机制。

3. 明确提取条件和退还时间、方式。首先，PPP项目合同中关于履约保证提取的约定应注意，导致履约保证规定的提取条件成就时能够保障政府方及时、便捷地进行提取。其次，当社会资本依照合同约定，履行了合同义务，履约担保期间结束后，政府方应当及时将履约保证金退还给社会资本。PPP项目合同对履约担保的退还通常设置如下前提条件：（1）所担保的履约期限届满；（2）下一阶段的履约保函提交后的一定期限内（移交维修保函除外）。实践中，若以现金形式提交履约保证金的，如需提供后续履约担保，通常在PPP项目合同中约定无须退还而是直接转为下一阶段的履约保证金。

作为当前履约担保运用形式最为广泛的“保函”，法律属性上并不属于我国民法典担保制度列举的传统担保形式，而属于独立保证的一种，其与传统担保的主要区别在于虽然其产生于基础法律关系，但一旦产生其运行就独立于基础法律关系。这一法律属性的主要依据为《最高人民法院关于审理独立保函纠纷案件若干问题的规定》（以下简称法释〔2020〕18号）。

根据法释〔2020〕18号，独立保函“指银行或非银行金融机构作为开立人，以书面形式向受益人出具的，同意在受益人请求付款并提交符合保函要求的单据时，向其支付特定款项或在保函最高金额内付款的承诺”，对应PPP项目中的履约保函，即应社会资本请求，由银行或其他担保机构向政府方（通常为项目实施机构）开具的书面承诺，承诺在发生一定事项后根据政府方请求在约定的最高金额范围内付款。应注意的是，正是基于保函的这一属性，政府方向保函开立方申请付款并不依据PPP项目本身的相关法律关系，而仅根据保函载明的审单标准进行单据的表面相符审查即可。

PPP项目中开具的履约保函，在保函本身所载内容上应注意以下三点：

1.载明据以付款的单据。根据法释〔2020〕18号，单据是指保函载明的受益人（通常为项目实施机构）应提交的付款请求书、违约声明、第三方签发的文件、法院判决、仲裁裁决、汇票、发票等表面发生付款到期事件的书面文件。

2.载明最高金额。

3.应至少载明下列事项之一：（1）见索即付；（2）适用国际商会《见索即付保函统一规则》等独立保函交易示范规则；（3）根据保函文本内容，开立人的付款义务独立于基础交易关系及保函申请法律关系，其仅承担相符交单的付款责任。

## 二、保险

某种意义上，项目风险的合理分配及转移是PPP项目合同的主线，而PPP项目中购买保险并维持其效力是转移风险的重要一环。PPP项目合作期内各方对购买并维持保险的责任分工、各方在保险中所占的角色分配、应购买的合理保险种类、保险覆盖的项目范围、保险获得的风险等问题最终都是与保险和项目风险密切相关的问题。

## （一）投保人

PPP项目合同约定的投保人通常为项目公司。项目合同指南也将“获得项目相关保险”列为“通常由项目公司承担的风险”，作为项目的实施主体，由项目公司购买保险无疑也是最为合适的。同时，PPP项目合同条款中也同时会约定当项目公司未按约定投保时，由政府方自行购买保险，此时投保人为政府方。

## （二）被保险人

根据保险法的规定，“被保险人是指其财产或者人身受保险合同保障，享有保险金请求权的人”。根据险种的不同，被保险人将出现差异，但项目公司应始终作为被保险人之一，在保险事故发生后享有保险金请求权，根据合同约定的不同，政府方或政府指定机构也可作为被保险人。

## （三）保费承担

PPP项目合同中应明确项目相关保险费由谁承担，这也通常将影响到项目可用性付费、运维成本的计算。

**1.建设期保险费**

社会保险费（含工伤保险费）包含在建筑安装工程费用中，属于建筑安装工程费用中的规费。建设工程其他费用中包括工程保险费。根据《建设工程施工合同（示范文本）》（GF-2017-0201）（以下简称施工合同示范文本）的规定，工程保险费包括建筑工程一切险、安装工程一切险及专用合同条款中约定的险种。建安费及建设工程其他费用是建设投资的重要组成部分，往往作为计算可用性付费的基数。据此，即使项目合同中未明确约定，建设期发生的工伤保险费及工程保险费也将最终由政府方承担。除了上述保险种类之外的保险费则应由双方在项目合同中另行约定予以明确。

**2.运营期保险费**

运营期保险费的承担与项目付费机制密切相关，如为固定运营费的项目，保险费已包含在中选社会资本方所投保的固定运营费中，则社会资本方应在测算报价时提前考虑；除此之外，双方还应注意在PPP项目合同中约定运营期的保险费是否包括在运营成本中。

### （四）保险的类型

PPP项目中通常购买的保险根据项目阶段的不同而有所区别。为转移风险，PPP项目合同中通常设置强制保险方案。项目实践中应注意避免同一阶段所购买保险投保范围重合。

**1.建设期主要保险类型**

PPP项目合同中约定的建设期应购买的保险指的是由投保人（通常为项目公司）为项目建设所购买的保险。施工合同示范文本规定，项目公司作为发包人应当购买的保险包括工程保险，具体是指建筑工程一切险或安装工程一切险；工伤保险。此外，项目公司和承包人还可以为其施工现场的全部人员购买意外伤害保险，承包人应为其施工设备等办理财产保险。

**2.运营期主要保险类型**

不同类型项目在运营期内有不同的保险要求，这种区别在运营型项目与轻运营类项目上差别尤其明显。对运营型项目而言，如污水处理项目、自来水项目，对项目设备的保险尤为重要。通常PPP项目合同中要求购买的保险包括财产一切险、环境责任险、第三者责任险。

**3.主要保险类型**

（1）项目公司应当购买的保险

1）建筑工程一切险或安装工程一切险

工程一切险属于财产险，通常是承保项目建筑/安装因自然灾害或意外事故而造成的被保险人的物质损失以及因物质损失而产生的费用。施工合同示范文本明确本项保险的保险费及其他相关费用由发包人（PPP项目中的项目公司）承担。

2）工伤保险

根据《工伤保险条例》及施工合同示范文本，项目公司作为发包人应根据相关规定参加工伤保险，“并为在施工现场的全部员工办理工伤保险，缴纳工伤保险费”。

（2）其他保险

根据相关规定，项目公司对下述保险并无购买的义务，但在PPP项目合同中约定由项目公司购买，或由项目公司督促第三方购买。

1）意外伤害险

根据《中华人民共和国建筑法》《建设工程安全生产管理条例》的规定，施工单位或施工总承包模式下的总承包单位应当购买意外伤害保险；施工合同示范文本规定，发包人和承包人可选择为施工现场全部人员办理意外伤害险。

2）设备相关保险

根据施工合同示范文本，“除专用合同条款另有约定外，承包人应为其施工设备等办理财产保险”。

3）第三者责任险

第三者责任险的保险责任范围通常是指与项目工程直接相关的意外事故引起的工地内及邻近区域发生的第三者人身伤亡或财产损失。

4）货物运输险

货物运输险主要是为了转移项目相关的材料和设备在运输途中遭遇损坏或灭失的风险。

5）施工机具综合保险

施工机具综合保险通常是指在工程建设、安装、运营测试及调试期间，就项目公司选定的承包商自有或其租赁的施工机具的损坏或灭失的可保风险进行投保。

6）环境责任险

根据《关于环境污染责任保险工作的指导意见》，环境污染责任保险是以企业发生污染事故对第三者造成的损害依法应承担的赔偿责任为标的的保险。

项目公司作为投保人应当根据项目建设与运营期间的不同需求，按照法律规定以及合同约定及时、有效地为相关当事方进行投保。通常，项目公司购买的保险合同应当覆盖PPP项目的整个合作期间，不得随意缩短保险期间、变更保险种类、保险范围等核心条款，投保的保险金额应根据PPP项目规模合理确定。当发生保险事故时，应协助受益人进行索赔。

# 第五节 PPP项目公司成本监管制度

## 一、PPP项目监管的必要性

近年来，PPP模式在我国基础设施和公共服务领域中的运用越来越广泛。一方面，PPP模式能够很好地解决政府在经济和社会发展过程中面临的财政建设资金短缺与管理效率低下的问题；另一方面，政府如果不能对PPP项目参与主体和参与单位进行有效的监督和管理，则很容易出现各种矛盾和利益冲突。因此，在PPP项目中引入监管具有必要性。

### （一）解决社会资本和政府之间的矛盾

PPP模式中，政府和社会资本共同组建的项目公司负责项目的设计、勘测、融资、建设、运营和管理。从政府的角度来看，社会资本在项目建设、运营过程中拥有更多与项目相关的信息，容易导致道德风险。建设期，承包商会偷工减料，降低原材料成本；运营期，出于自身利益最大化，社会资本会粉饰报表，做低利润，减少项目分红或是要求更多补贴；国有资产移交前期，社会资本会侵蚀国有资产，损害国家利益。从社会资本的角度来看，政府处于强势地位，在项目执行过程中拒绝履行承诺或是临时修改实施方案和合同事项屡见不鲜，最终导致社会资本投资亏损。由此看来，引入独立性监管机构来保障政府和社会资本双方的利益尤为重要。

### （二）解决社会资本和公众之间的矛盾

政府通过PPP模式引入社会资本虽然可以增加供给、优化风险、提高公共服务效率和质量、促进创新和公平竞争，但基础设施行业的自然垄断特性、特许经营权的排他性和资源的稀缺性，无法规避垄断的低效性，更无法规避因垄断的低效性带来的公共福利减少和公众负担加重。在医疗养老行业，由于资源的缺乏，服务行业收费较高，成为普通老百姓眼中的“奢侈品”。在自来水行业中，由于水价受限，自来水厂会通过压缩成本满足自身的利益，而忽略水质和公众的饮水安全。政府出于实现公众利益和社会效益最大化的目标，必须对PPP项目参与主体和参与单位进行监管。

## 二、PPP模式下政府监管现状及国外经验借鉴

### （一）PPP模式下项目监管现状

PPP项目监管有行政监管、司法监管、行业监管、社会监管等多种形式。由于缺乏公众与政府之间的互通平台，社会监管形同虚设；基础设施和公共服务行业缺乏自律性和组织性，行业监管起不到实质性作用；司法监管存在滞后性。现阶段，我国PPP监管主要依靠政府行政监管。在现有政府监管体系中，以政府行政监管为主。国家发展改革委、财政、住房城乡建设、交通运输、水利、能源、金融等有关部门按照各自职责，负责相关领域基础设施和公共服务行业的特许经营规章、政策制定和监督管理工作。

**1.政府监管角色定位不清晰，缺乏组织协调性**

PPP模式下，项目监管涉及的政府部门较多，各部门的监管角色定位不清晰、分工不明确，致使监管职能交叉或监管缺位。例如，在某市污水处理厂PPP项目中，整个项目运作由市发改委牵头，市住建局作为项目实施机构，市生态环境局作为政府出资代表负责出资。在谈判过程中，住建局与投资人确定股权比例后，生态环境局与住建局的意见不一致，不愿按约定履行出资义务，致使与投资人要重新进行谈判，影响PPP项目的总体进展。

此外，由于PPP项目全生命周期长、环节复杂、参与主体多，如果没有市、县政府领导进行统一协调，成立项目协调小组，相关行政部门和行业主管可能不愿意过多参与到PPP项目中来。某县财政部门牵头推进PPP项目，并组织行业主管部门一起参与项目物有所值和财政承受能力评审工作，由于

行业主管部门对PPP项目不了解，在评审中未尽其职，事后需要向市政府上报PPP项目实施方案时，行业主管表示对项目中的方案不认可，不愿意承担相关责任。由此看来，建立PPP项目协调小组对推进PPP项目顺利进行尤为重要，实践中，一般由市长（县长）和行业主管部门分别任组长与副组长，组织协调其他相关部门对项目进行监督管理。

**2.监管工作流于形式，政府部门缺乏项目监管意识**

我国PPP模式发展处于初级阶段，PPP项目监管工作相对落后。现阶段大多数的PPP项目尚处于前期准备阶段，政府将监管的重点大多放在项目筛选、识别和社会资本准入方面，对项目后期建设和运营缺乏有效监管。发改委财政部等相关行政部门为加快PPP工作有效推进，发布多项指导意见和管理办法，而一些市、县政府由于急于推动项目签约落地，监管工作不到位，起不到实质性作用。某些地区市、县政府为获得财政奖励资金，盲目推广PPP项目，项目的物有所值和财政承受能力评审工作流于形式，导致一些非PPP项目鱼目混珠。比如，某市将许多没有经营性质的公益性项目包装成PPP项目，由于市财政部门和行业主管部门缺乏对项目的监管意识，在项目识别阶段没有认真开展物有所值和财政承受能力评审工作。

**3.缺乏有效的监管机制和监管方法**

在现阶段PPP项目推进和实施过程中，项目准入监管借鉴了国外常用的物有所值比较法和竞争性招投标法，但在后期建设、运营和移交阶段缺乏具体的监管机制与方法。如在医疗养老行业，由于缺乏适用于PPP模式下的绩效考核机制和定价机制，监管部门无法对项目服务水平和收费价格进行监督管理。尤其是在价格监管方面，原有的成本导向法容易导致垄断暴利现象，不适用PPP模式下的定价规则，社会资本因为制定过高的收费价格不被公众接受，政府夹在社会资本和公众之间，处于尴尬局面，最后以社会资本放弃项目经营权结束合作。因此，需要建立合理的价格监管机制，来规避因定价过高而产生暴利和保证投资者的合理收益，达到权衡公众利益和投资人利益的目标。

**4.监管的法律法规建设滞后**

目前，由于PPP项目在我国尚处于试行阶段，在法律层面没有系统、完善的立法对其全生命周期获得进行规范和指导，而现阶段所涉及的PPP相关法律较为分散且不具有针对性，如招标投标法、民法典、建筑法等，在PPP项目具体的实施操作和监督管理方面缺乏有力依据。

**5.监管机构不独立**

我国现有监管机构的人员组成、机构设置以及权力来源都是由政府来决定而不是通过专门的法律来规定、独立的机构来执行，致使现有监管机构不能独立地行使监管权。监管机构在制定监管规则和规则执行方面都拥有较大的自由裁量权，容易导致监管缺乏公平和效率。某市政府引入社会资本共同建设市级文化艺术馆，由于公开招标的条件设置得不公平，两次公开招标失败，最后通过竞争性磋商方式引入一家事先沟通好的承建单位作为投资方。

此外，政府部门作为PPP项目中的参与者，和社会资本处于同等地位，理应接受监管。如果监管机构不具备独立性，政府部门在PPP中既是参赛者，又是裁判员，会使社会资本处于不利地位。在某些PPP项目中，政府授权地方城投公司作为项目出资方参与项目运作，同时城投方又作为项目实施机构负责项目监管和绩效考评工作，缺乏独立性。

**6.监管队伍整体素质不高**

由于PPP项目生命周期长，操作流程复杂，项目建设与运营管理中的参与主体多、组织关系复杂，因此要求监管人员熟悉PPP项目相关操作流程和政策法规。同时，不同类型的项目在技术经济上各有特点，规划—投资—建设—运营的整个过程涉及的问题庞杂，不仅有专业的技术问题，还有法律、管理、审计、财务等各个方面的问题，因此需要一支既懂得合同法规，又懂得项目投资、项目管理及风险管理等各方面基本专业知识和技能的高素质人才队伍，这样才能对PPP项目在建设运营中进行全方位有效的监管。

## （二）国外公用事业监管经验借鉴和启示

**1.国外公用事业监管经验借鉴**

20世纪70年代以来，许多发达国家在城市公共事业中引入市场机制，政府监管由传统的资格审查、数量限制、许可证等限制性进入的方式，转变为通过特许经营合同进行监管的方式，并注重引入市场竞争的积极作用。

（1）英国监管模式

英国公用事业的管理体制改革包含在民营化改革进程中，主要包括健全法律法规、建立独立的监管机构、引入市场竞争。

1）健全法律法规。为明确改革的法律依据和实施程序，采取立法先行策略。英国政府于1989年颁布了《自来水法》，允许10个地区自来水公司民营化，授予自来水公司特许经营权，并对自来水生产与运营进行管制；1989年颁布了《电力法》，把电力企业分割为电网、分销和生产公司。这些法律的制定为不同产业的政府监管体制改革提供了法律依据。

2）建立独立的监管机构。采用垂直监管模式，建立了统一全国性的监管机构，并在各地各个产业都设置了分支管制机构，由负责各产业的国务大臣委任总监，并授予其发放企业经营许可证，管制企业产品的价格、质量以及投资等行为的法定权力。如英国城市水务行业服务监管的基本架构是将环境、经济和社会以及饮用水质量三个方面的监管职能分别纳入三个独立的监管部门，并统一于英国政府环境部。其中，水务办公室的主要职能是经济和社会方面的监督；饮用水监督委员会是饮用水水质的监管单位；环境监管局具体负责环境保护方面的监督。它们与环境部的权力划分一般为：环境部任命各独立部门的总监，制定具体的监管改革措施，设计监管改革方案；独立部门则负责执行政策、监督市场、提出建议和处理具体的监管事务等。

3）引入市场竞争。在管制方法上，相继采取了特许招投标、最高限价管制模型、区域间竞争等激励性管制手段，以最大限度地在这些产业内引入竞争。依据通货膨胀率和企业的生产效率增长率，确定最高限价，企业在不超过规定的最高限价前提下追求利润最大化，这样就能使企业通过竞争和不断提高生产效率来获得较多的利润。

（2）新加坡的监管模式

新加坡采取的是行业纵向一体化为主的监管和管理混合体制。

1）清晰完备的监管法律制度。新加坡先后颁布了《公用事业法》《电力法》《燃气法》等。

2）独立的监管机构。在新加坡，代表国家管理和监督公用事业的权力主体是分行业建立的法定机构。在国会的授权下，各个行业的法定机构均具有政府监管的行政职能和经营公共企业（国有企业）的双重功能。这样，法定机构不仅是半自治的行政管理机构，而且是经营机构。由于不同的法定机构所处的经济领域不同，其权力范围也有所差异。

3）价格监管。新加坡实行的是价格上限监管方法。价格上限监管，即给出一个有较大空间的价格上限，且这个价格上限根据时间、通货膨胀以及技术进步率等进行调整。价格上限监管是一种激励性监管手段，是目前大多数西方国家采用的监管手段。

新加坡监管机构在公用事业企业制定和调整涉及消费者利益的价格时，都要召开听证会。其特点是将方案在互联网、大众媒体上公布，广泛听取各方面的意见，并据此进行反复修改，再将修改后的结果公开，再次征求意见，以此作为定价的依据。另外，新加坡所有企业的经营资料都在工商注册局备案，无论任何人，只要交纳一定的费用，就可以索取并查到有关公司的资料。

（3）韩国监管模式

系统的PPP法律制度是韩国PPP监管的最大特色，同时韩国设立专门的PPP机构负责PPP政策的制定监管。

1）系统的法律体系。韩国从1994年到2005年建立起了一套系统完善的PPP法律体系，1994年韩国通过颁布《促进民间资本参与社会间接资本设施投资法》来规范PPP项目的实施，后经过四次修改形成2005年的《民间参与基础设施法》，对适用民间投资的项目范围、选择的PPP模式等都进行了或多或少的扩充和修改。

同时，韩国的法律规定细致，可操作性强。例如，韩国罚款不仅对适合采用PPP模式的设施类型做了十分详尽的分类，而且将PPP项目区分为政府立项招标项目和企业主动建议项目，并对两者的采购步骤分别做了具体规定。

2）专门的PPP机构。韩国设立了韩国公私基础设施投资管理中心（PIMAC），隶属于韩国发展部，PIMAC负责发布年度PPP计划以及编制PPP

指南，为PPP项目提供了具体、可操作的指引。它不仅是有关PPP理论政策的研究制定者，还充当管理PPP项目政府机构的角色，同时也是韩国PPP市场的推动者。

**2.国外公用事业监管对我国PPP项目监管的启示**

经济发达国家公共事业监管改革经验，对我国构建基于PPP模式的城市基础设施政府监管体制具有重要意义。借鉴以上国际经验，可得到以下启示：

（1）完善的法律法规是有效监管的基本准则

根据发达国家的经验，其在市场化改革之前，都制定了健全的相关法律，用于明确监管机构的职责、权利、监管内容和方式等，从而实现依法监管，确保了监管的有效性。建议我国在引入社会资本和市场竞争机制之前，先制定适用的法律作为监管依据。

（2）设置独立的监管机构是有效监管的重要条件

确保监管机构独立于其他政府部门和企业，划清职责界限，这将有利于监管权力的集中，只有这样政府，监管机构才能对被监管企业进行有效的权力制衡和约束。

（3）张弛适度的市场竞争机制和价格管制是有效监管的关键

我国公用事业领域在现阶段通过PPP模式引入市场竞争机制和私人投资者的同时，也要避免因公用事业经营改革中所产生的垄断现象。因此，制定合理的价格监管机制是政府有效监管的关键。

## 三、PPP项目监管体系

### （一）PPP项目监管目标和原则

**1. PPP项目监管目标**

明确PPP项目监管目标是确保项目各阶段监管活动成功实施的前提，因此在设计项目监管体系和监管方式前，需要对监管目标加以明确，并以此为导向来建立适合我国国情的项目监管体系。结合本文PPP模式下项目监管的现状，将监管的目标概括归纳为以下四个方面：

（1）解决城市基础设施领域的市场失灵和公共产品的服务质量。由于公共项目产品自然垄断和公共物品性质的存在，在PPP项目实施的过程中会出现市场失灵，减弱了市场资源配置的效率，因而引入政府监管的主要目标是解决城市基础设施领域的市场失灵和公共产品的服务质量两个重要问题。

（2）保障公共项目社会效益和公共利益。公共项目产品具有公益性，从政府的角度来看，政府是社会公众利益的代表，监管的最终目标是公共项目的社会效益和公共利益得到保障。维护社会公平公正，实现社会效益最大化是政府监管的根本。

（3）兼顾效率与公平。为保证项目公司生产和运营的持续性发展，在补救市场失灵，保障公共产品和服务质量的同时，还要让被监管企业获得合理利润，提高其生产效率。

（4）实现“三赢”目标。为保证PPP项目的顺利实施，降低PPP项目实施过程中的风险，通过有效的监管，最终实现PPP项目参与主体政府、社会资本、社会公众“三赢”。

### 2. PPP项目监管原则

根据以上监管目标，制定以下监管原则：

（1）依法监管的原则。监管机构的设置以及监管职责必须以法律的明确授权为依据，依法明确监管机构监管范围和监管程序。只有做到监管有法可依、有法必依，才能有效规避政府相关部门监管的随意性，减少权力膨胀和寻租的风险。

（2）约束与激励相结合原则。一方面，监管机构为实现监管目标需要对监管对象进行限制性的监管，如准入监管，建设、运营和移交过程中质量、价格、项目验收监管等。另一方面，为发挥PPP模式运作的优势，鼓励更多社会资本参与到公共项目中来，需要采取适当的激励机制，如PPP示范项目资金支持、PPP产业基金支持、试点项目专项资金支持、政策性贷款倾斜等。

（3）独立专业原则。设立独立性政府监管机构是保证监管行为独立的前提条件，独立性政府机构必须独立于政策制定部门、参与PPP项目的政府部门和政府出资代表，确保监管的公正性，避免出现政府既是“运动员”又是“裁判员”的问题。专业性原则是对政府监管部门的专业要求，由于PPP项目过程复杂，涉及很多领域的专业知识，政府监管机构应建立一支在工程技术、财务、法律等方面精通的专业人才队伍，以更好地发挥监管效益。

（4）公开透明原则。公开透明原则要求监管机制和方法在设计时必须考虑监管的内容、过程和结果等信息的公开性，使监管流程透明化，保证社会公众的知情权，创造良好的监管环境。

（5）问责原则。问责原则要求政府的监管活动必须接受政府自身和社会公众监督，规避监管机构滥用职权。

（6）提高监管效率原则。制定PPP项目监管流程，明确各监管主体的责任和工作内容，避免重复监管和监管缺位，提高监管效率；运用合理的监管方法，避免监管过度造成企业负担加重。

## （二）PPP项目监管总体框架

PPP项目监管总体框架包括监管主体和对象，以及监管主体对监管对象加以监管的方式。综合性独立监管机构作为独立的监管主体在PPP项目监管中起到关键作用。被监管对象中，除对社会资本进行监管外，与项目相关的政府方代表、政府行政部门和行业主管部门也受到监管。在监管方式中，法律法规、PPP合同体系是政府监管的依据和基础，政策引导、绩效考核机制和约束机制是对法律法规、合同体系的有效补充。

## （三）PPP项目监管主体和监管对象

### 1. PPP项目监管主体

PPP项目监管主体分为五类：综合性独立监管机构、政府行政部门、监察部门、司法机关和社会公众。不同监管主体各司其职、相辅相成，形成有机监管主体。

（1）综合性独立监管机构

由于PPP项目的特殊性，建议设立综合性独立监管机构，独立于政府行政部门和政府代表方。独立监管机构一方面对项目进行全生命周期监管，保障项目高效顺利推进；另一方面有效解决政府部门和社会资本之间的利益冲突，保障政府监管行为的公正、公平。

建议综合性独立监管机构的权力由国务院授予，独立于行政部门，独立地进行监管活动，下设各省市专业的独立办公室，成员通常是该领域的专家，熟悉相应领域的专门知识。

综合性独立监管机构在政府授权下制定各项监管的规章制度，并有权执行各项规章制度，还可以对传统行政监管部门的监管行为进行监督。在国家层面，综合性独立监管机构主要负责制定PPP项目监管流程、监管机制，建立PPP项目全过程风险预警指标、风险控制系统，与立法部门、行业主管部门以及外部财务法律专家共同起草PPP法案、公用事业管理办法等。在各省市层面，综合性独立监管办公室依据监管流程执行监管工作，包括社会资本准入监管、质量监管、价格监管、合同执行监管、国有资产监控和绩效考核评估等。

（2）政府行政部门

政府行政部门配合独立监管机构在不同的阶段对监管对象进行监管。发改委是项目监管的源头，主要对项目进行立项审批、确定项目运作模式和社会资本采购，建设主管部门负责对项目招投标和建设过程进行监管，行业主管部门负责技术标准的制定、特许经营权的授予及服务质量的监管，环保部门、安全监督部门、物价部门对各自负责的部分有监管的义务。

（3）监察部门和司法机关

除了以上涉及的监管主体之外，监察部门在项目涉嫌重大违法违规情况下对项目和参与单位进行立案调查及监督管理，或对政府重点关注领域进行阶段性监管，如工程质量和工程安全的监管。

司法机关主要是对独立监管机构监管行为的合法性进行审查，并裁决独立监管机构与被监管对象之间的重大分歧。被监管企业如果不同意独立监管机构的决议，有权向法院提起上诉，由法院进行裁决。

（4）社会公众

社会公众可以通过公众投诉及建议平台对产品和服务质量进行监管，通过听证会对价格进行监管。

2.PPP项目监管对象

PPP项目监管的对象既包括项目公司本身，也包括与项目公司有联系的设计单位、施工单位等，涉及项目各个阶段的所有参与者负责的事项及各单位之间的一系列事项。此外，政府代表方作为项目的合作方，也在监管范围内。

## （四）PPP项目政府监管方式

在保障项目社会效益和公众利益的总体目标下，政府监管部门、行业主管部门、监察部门、司法机关和综合性独立监管机构各司其职，通过法律法规、PPP合同（特许经营协议）、政策引导、约束激励机制、绩效考核机制等多种方式对PPP项目参与方和项目获得实施全过程动态监管，最终实现项目监管目标。

1.法律法规建设

法律法规是监管机构对项目实施监管的基础和依据，也是其他监管制度建立的平台和前提。在国家层面的PPP立法中，需要规定政府审批权限、流程和受理程序，退出机制和纠纷处理机制，各地项目规模上限与政府财力比例，中长期预算机制，会计准则，信息披露、政府监管与公众参与制度等，使之具备全国统一的原则性做法和较强的法律效力，避免因中央部门或地方法规政策带来的冲突，特别是，需要处理过去国家层面其他法律未覆盖到PPP模式或与其有冲突的内容。

除了需要在PPP操作层面立法以外，在基础设施和公共服务相关产业领域，也缺乏相关的法律约束，建议参考英国、新加坡、日本等以立法为先导的监管经验，即在立法机关颁布特定产业的相应法律基础上进行监管体制改革，明确监管机构监管的职责与权限范围、监管的政策目标、监管的内容及方法，以便监管机构能依照执行。

2. PPP项目合同体系

在PPP模式中，合作是通过项目公司、社会资本与政府签订有法律效力的PPP项目合同（特许经营合同）来实现的。因此，PPP模式下监管的首要特性是基于具有法律效力的PPP项目合同（特许经营合同）来监督约束各参与方的行为。此外，PPP项目参与方除了政府和社会资本投资方以外，还包括融资方、承包商和分包商、原料供应商、专业运营商、保险公司以及专业机构等。

在PPP项目中，项目参与方通过签订一系列合同来确立和调整彼此之间的权利义务关系，构成PPP项目的合同体系。PPP项目合同体系包括PPP项目合同、股东协议、履约合同（包括工程承包合同、运营服务合同、原料供应合同、产品或服务购买合同等）、融资合同和保险合同等。其中，PPP项目合同是整个PPP项目合同体系的基础和核心。

项目合同是PPP模式运作中政府监管的依据和标准，因此，合同的合法性、适用性、完整性直接关系到监管的有效性，在签订合同时，必须明确规定公私双方的权利与义务、约定产品价格和服务质量、风险分担与利益补偿、绩效考核方案等相关内容，以此约束项目参与各方的行为，使其自觉履行各自的义务，最终保证项目的顺利实施，并实现其经济和社会效益。同时，政府监管机构在执行监管权力时，依据合同进行监管，还可以弥补法律法规的不足，能有更强的针对性和可操作性。

**3.政策引导**

现阶段PPP在国内仍处于不断探索和发展过程中，相关政策也在不断地更新和完善中。如在鼓励社会资本进入公共事业领域，发布《国务院关于创新重点领域投融资机制鼓励社会投资的指导意见》；财政部在PPP操作流程和规范指导方面，发布《政府和社会资本合作项目财政承受能力论证指引》（已失效）。这些政策文件明确了项目监管的方向和重点，在法律法规尚未完善之前，监管机构在政策引导之下，对项目相关活动进行引导、管理和监督。在法律法规完善以后，政策引导作为对法律法规的补充和完善，及时对项目活动进行调控和约束。

**4.绩效考核机制**

目前，各省市大多数PPP项目尚处于准备阶段，随着财政部公布的第一批30个试点PPP项目陆续签约落地，在今后的一年至两年，有关风险、利益分配的问题将会逐渐凸显，如何保障社会资本长期稳定的收益和公众利益最大化是监管者面临的棘手问题。如果在项目前期实施方案或是PPP合同中没有充分考虑和制订项目绩效考核方案，项目后期运营中将会面临以下两个问题：

（1）政府缺口补贴没有合理的依据

对于准收益和公益类项目，其收益无法完全弥补投资成本和收益，监管部门需要确定支付金额和调整产品或服务的价格来保障社会资本合理的收益率。就现阶段PPP项目交易设计来看，大多数是在财务测算的基础上，对于收入无法覆盖成本和收益的项目，政府给予定额缺口补贴。但是，财务测算往往存在偏差，很难准确地评估项目的未来收益，容易导致缺口补助不足或是过多。在社会资本获得超额收益时，如何界定超额收益是来自社会资本高效的管理还是定价过高或补贴过多；在社会资本投资亏损时，如何界定是社会资本管理无效所致还是政府补贴不足所致。

（2）产品或服务质量难以得到保障

如前面分析，由于公共项目产品自然垄断和公共物品性质的存在，会出现市场失灵，社会资本方会在追逐个人经济利益的同时忽视公众的利益，如水质不达标、普遍服务等。但是，目前对项目公司的绩效考核大多流于形式，对以上市场失灵的现象起不到实质性作用，这一方面源于绩效考核过程较为复杂，执行难度大；另一方面源于政府将工作重点放在项目前期识别和准备及采购环节，忽视了后期建设运营过程中的绩效监管问题。

针对（1）的问题，监管方需要结合项目实际营运情况（外部环境、内部管理）和绩效考核结果（产品和服务质量）给予合理的缺口补贴与支付。不要因为绩效考核过程复杂，就采取“一刀切”的方式，给予项目公司定额补贴，后面的质量监管就置之不理；也不要承诺投资人固定的收益率，而忽视项目运营情况。建议将政府的支付行为与项目绩效考核挂钩，考核不通过的，可以不发放补贴或是少补贴，考核通过的，给予额外奖励。在考核过程中，如果项目亏损源自项目公司低效的管理，风险由项目公司自行承担，如果超额收益源自项目公司高效的管理，超额收益归项目公司所有，政府不要过多干预。

针对（2）的问题，可以参考国外的做法。1）明确监管做法。明确产品或服务的绩效要求，特许经营者负责如何满足这些绩效要求，政府不干涉特许经营者的设计、建设和运营过程，以及特许经营者所采取的解决方案。2）建立保证措施。要求项目公司建立质量保证体系，确保过程合规。企业通过自我确认结果（包括对其分包商的绩效负责），以及政府或授权独立第三方根据情况定期或随机监控过程和结果的方式，并建立绩效关联的支付机制，来验证和确认绩效。3）用户反馈。建立互动的公众投诉或建议平台，准确、有效、及时地将使用者的意见和建议反馈给监管机构。

**5.约束与激励机制**

对项目参与方的约束是为了规范项目参与主体的行为，激励机制作为辅助方式鼓励社会资本参与和自我约束。对监管对象的约束方式主要体现在价格监管、质量控制、产权约束方面；激励机制主要体现在资金补贴和项目奖励方面。

（1）价格监管

价格监管是PPP模式下政府监管的核心内容。自然垄断行业引入市场竞争机制和社会投资人后，按照成本导向法定价很容易导致价格过高，公众难以承受。因此，政府必须制定科学、合理、有效的价格监管机制，兼顾社会公众益和社会资本利益。定价机制应以促进公平竞争、保障社会公众利益、提高企业生产效率和维护企业利益为目标，充分考虑项目的投资与经营成本、物价指数、税费政策、产品和服务质量、社会公众的消费承受力、行业的平均利润水平等各类因素。

（2）质量控制

质量控制的目标是在保证城市公共安全和保护环境的前提下提供优质的产品与服务。一般情况下，市场竞争会促使企业通过提高产品和服务的质量来增加市场份额，但由于城市基础设施和公共服务PPP项目具有自然垄断特性，往往只有一家或少数几家国有企业经营，这样企业可能会受利益的驱使，降低产品和服务的质量，损害社会公众的利益。因此，为维护和增进社会公众的利益，政府必须对PPP项目的质量实行监管。建议项目公司内部建立质量管理制度，包括质量量化标准和指标、质量检验体系和流程、质量考核办法等。

（3）产权约束

产权约束主要体现在所有权约束、经营权约束和剩余索取权方面。PPP模式下可以通过对项目产权的配置，完善治理结构，实现政府的有效监管，进而提高PPP项目的效率。

1）股东及债权人会加强对项目公司的控制。政府部门、社会资本、外部金融机构作为项目投资人，出于自身利益考虑，各投资方都会对项目公司活动进行约束和监控，控制力度取决于其投资比率；

2）从PPP运作模式来看，主要有BOO（建设—拥有—运营）、BOOT（建设—拥有—运营—移交）、BOT（建设—运营—移交）、OM（委托—运营）四种运作模式，项目公司对项目的控制权依次越来越小，通过选择不同的运作模式，来分配项目公司的权利，进而达到约束项目公司的目的；

3）政府投资人和社会资本拥有剩余索取权，有权派出监事会监督项目公司，使政府监督、内部监督、社会监督与合同约束相结合。

激励机制主要是通过明确奖惩或引入竞争方式，对项目公司进行正确的引导和激励，包括PPP产业基金扶持、国家或省市PPP示范项目奖励、专项资金补贴、优质资源捆绑等方式。激励监管一方面是鼓励更多的社会资本参与到PPP项目中；另一方面是实现效益与公平的重要手段，即在保障社会公众利益的前提下，实现项目公司合理利润，促进政府部门的投资效率，同时达到提高项目效率的目标。

## 四、PPP项目全生命周期政府监管内容

### （一）PPP项目全生命周期动态监管框架

PPP项目生命周期分为五个阶段，分别是项目的识别、准备、采购、执

行和移交等活动，从监管方面来看，PPP项目的全生命周期可按照项目准入、项目建设、项目运营和项目移交四个阶段进行划分。综合性的独立监管机构参与项目的全过程监管，对私营部门的准入、成本、价格、服务内容和质量安全、环境等实施专业化监管。其他监管主体各司其职，在相应阶段配合综合性独立机构进行监管。如图4-1所示，通过对PPP项目全生命周期中监管部门所参与的主要监管内容逐一进行对应，建立PPP项目全生命周期政府动态监管框架，明确监管主体在PPP项目各阶段的监管职能分工，突出独立监管机构的特点，实现对PPP项目动态的、全过程的、全方位的监管。

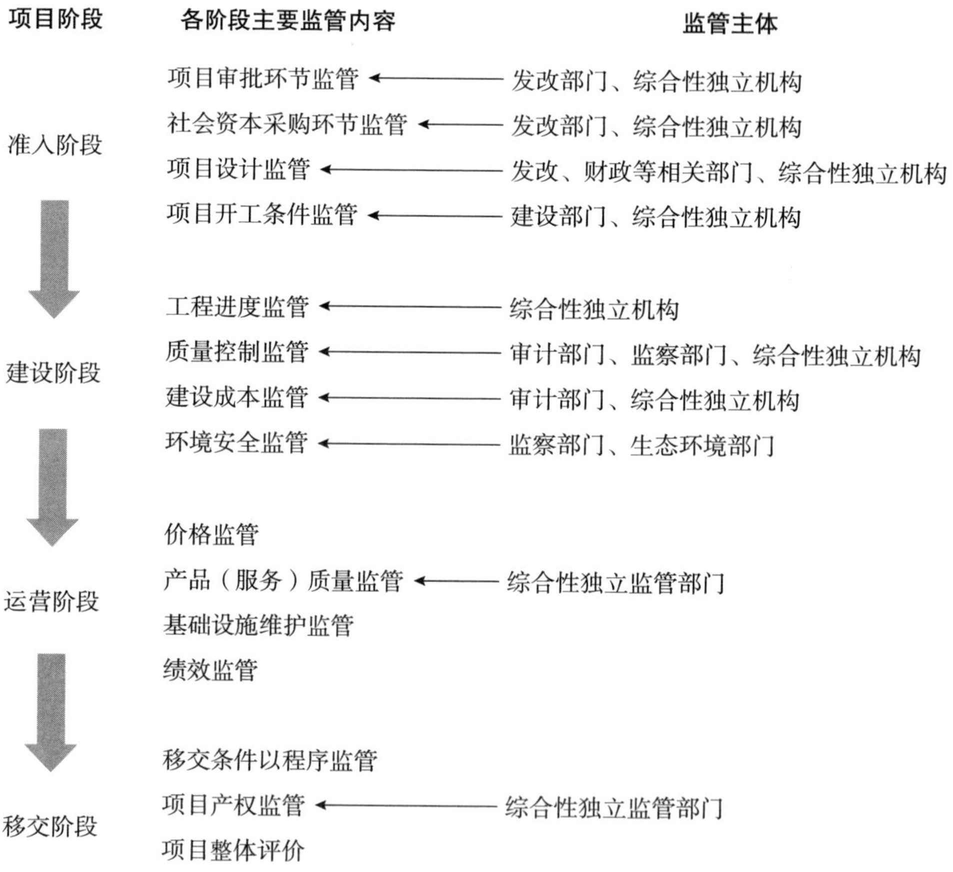


图4-1　PPP项目全生命周期动态监管框架

## （二）PPP项目各阶段监管内容

PPP项目合作周期长，涉及识别、准备、采购、执行和移交多个阶段，因此PPP项目监管强调全过程监管，这是有别于其他常规项目的特点。PPP项目全过程监管是为了实现对价格和质量的监管。

### 1.项目准入阶段

项目准备期包括项目筛选和识别、项目物有所值和财政承受能力评审、社会资本采购和拟定PPP合同。综合性独立机构负责对PPP项目的可行性报告和实施方案进行审批，同行业主管部门一起评估项目风险，参与项目物有所值、财政承受能力、社会资本投资申请文件的评审，并与立项审批部门、行业主管等相关部门共同进行特许合同的谈判和签署。

行政监管部门如发改委、规划部门、财政部门、建设部门、审计部门在这一阶段发挥着重要监管作用，其中发改委负责审批项目建议书及投资估算、审批项目可行性设计方案、社会资本采购、项目勘察和社会资本的招标等。财政部门对项目物有所值和财政承受能力进行审批、对PPP项目的预算进行监管。有关部门对政府承建商准入监管，如招标过程的监管。审计部门负责监管社会资本准入资质审查、对PPP项目立项投资进行审计监管等。

准备阶段项目监管的重点为社会资本准入监管和PPP合同设计两个方面。社会资本准入监管要保证采购流程的公平性和合理性。PPP合同设计要考虑内容的合法性、适用性、完整性，重要边界条件需要考虑设置的灵活性。

### 2.项目建设阶段

项目建设阶段主要是指PPP项目从开工建设到完工的整个过程。综合性独立监管机构的职责是对合同执行情况的监管；对勘察、设计、施工单位的监管；施工图预算的审批监管；对成本、质量和进度的控制；对项目公司违法分包、转包行为的监管；组织竣工验收时的监管，包括竣工结算、决算和备案；等等。

审计部门主要对PPP项目合同及其相关工程合同进行审计监管，对工程款支付和工程造价的跟踪审计监管，对PPP项目各参与方的财务状况的审计监管。监察部门主要负责对项目建设过程中的突发性事件进行监管，或对政府重点关注领域进行阶段性监管。环境保护相关部门对项目实施过程中项目公司的环境行为进行监管。消防部门主要对项目建设主体的消防设施设备进行验收监管。

项目建设期重点监管内容是对工程进度、建设质量和资金的监管。监管者在对项目进度进行监管时，可以要求项目公司定期提交《建设工程进度报告》，确保项目施工进度与合同中约定的进程安排相一致。在工程质量和资金监管方面，要求外部工程监理单位和受托银行定期向综合性独立机构提交相关报告。

**3.项目运营阶段**

项目运营阶段是指从PPP项目建成投入使用直至特许期结束。这一阶段，综合性独立机构对PPP项目的监管主要是在产品和服务质量、服务价格以及设施维护等方面发挥作用。

（1）根据PPP合同或特许经营合同的约定，监管部门负责督促项目公司在此阶段做好设施的养护和维修工作，避免对基础设施进行超负荷运转，保证项目在移交时处于良好的状态。

（2）由于社会资本主要依靠PPP项目自身收益获得投资回报，难免因利益驱使而提高产品或服务收费价格、降低产品或服务质量，因此此阶段要加强质量监管和价格监管。

（3）对于准经营项目和公益性项目，由于政府在项目运营过程中有支付行为，因此需要对项目公司进行公平、合理的绩效监管，并根据考核结果进行支付。

（4）为避免项目公司侵害股东利益，以及防止项目公司抽逃资本金和未经股东同意抵/质押项目资产进行不合法融资，还需要对项目公司资产进行动态监控和财务监管。

运营阶段监管的重点在于对项目公司整个运营过程进行控制和管理，除了对其进行绩效考核、价格监管、质量控制和财务监控以外，还需要通过制度化监管加以补充。制度化监管包括：1）设立例会制度。监管部门定期与项目公司或委托运营单位召开例会，方便监管机构及时了解项目的运营状况。2）设立财务事项定期报送制度。项目公司或委托运营单位定期向监管机构提供财务报告，防止出现重大的财务危机。3）设立公共账户制度。要求运营阶段所涉及的重要款项必须通过公共账户进出，以便于监管机构实时监控财务状况。

### 4.项目移交阶段

项目移交阶段是PPP项目的最终环节，是指在项目投资方的特许经营期满后将项目的所有权、经营管理权等所有权利无偿移交给政府。一般而言，正常情况下特许期满后项目公司将所有权与经营权交与政府。特殊情况下，如某一方或双方严重违约、项目公司经营不善导致严重亏损或不可抗力等原因造成特许权提前移交，此时需要政府启动项目应急预案，由相关部门临时接管或寻找其他社会资本继续经营以避免损失，保证社会公众利益不受损害。因此，在这一阶段，综合性独立监管机构的职责是监督项目的产权和合同的执行情况，对项目移交时项目的整体情况做出评估，以确保公共部门的利益。

# 第六章

# 政府PPP项目补救措施

# 第一节　PPP项目公司临时接管制度

## 一、管理人选任

2016年，最高人民法院印发《关于在中级人民法院设立清算与破产审判庭的工作方案》，要求直辖市应当至少明确一个中级人民法院设立清算与破产审判庭，省会城市、副省级城市所在地的中级人民法院应当设立清算与破产审判庭。我国现阶段破产案件管理人的选任主要有两种方式：一种是在地区范围或全国范围内以竞争方式制定；另一种是在本地区中级人民法院管理人名册内直接摇号产生。

本章节的管理人与企业破产法中的管理人区别在于，本章所属的管理人是没有经过法院程序的预重整，是债务人或债权人引用企业破产法中管理人制度、预重整制度，对PPP项目公司可能出现或即将出现公司僵局或资金断裂等情形，为了促使PPP项目有序正常经营，最终实现PPP项目合同的目标，借鉴企业破产法中先进的制度摆脱PPP项目中的困境。这里的管理人仅仅是债务人或债权人或债务人的出资人协商确定能够担任管理工作，促进项目实施的第三人。管理人可以是有破产、清算或重整经验的自然人、法人或其他组织，建议寻找在当地中级人民法院破产管理人名录内的组织担任PPP项目公司的管理人。

管理人的选聘可以参照以下条件：（一）管理人的资质、业绩材料。管理人的资质证照、团队成员介绍、办理破产、清算和重整案件的业绩等材料。（二）PPP项目管理方案。案件管理工作团队名单、工作方案、竞争优势、管理人报酬等。

## 二、组建管理人团队

PPP项目公司预重整，在组建管理人团队时，应充分考虑案件的复杂程度，设立不同的工作组，常见的工作组如下：（一）综合工作组，主要负责行政办公类事务；（二）权利登记审核组，主要负责权利登记和债权、取回权、抵销权等权利审查，并撰写债权登记和审查报告；（三）财产调查组，主要负责债务人财产调查和追收，并撰写债务人财产状况调查报告；（四）财务审计组，主要负责对债务人的审计或委托审计，以及本案管理人费用收支的管理；（五）财产分配组，主要负责财产分配和债权清偿；（六）重整或和解事务组，主要负责重整或和解相关事务；（七）诉讼组，主要负责PPP项目公司债券或债务的纠纷化解相关事务。

## 三、制定工作制度和工作计划

管理人在收到选聘后，应根据案件的具体情况和团队组建情况及时制定工作制度和工作计划。工作制度通常包括：管理工作规程、工作议事规则、文件收发归档管理制度、印章及证照管理制度、财务管理制度、处理突发事件应急预案、档案管理制度、保密制度、请示报告制度等。

## 四、接管

管理人在选聘后，应及时联系约谈债务人的法定代表人、财务管理人和其他经营管理人员，了解债务人的员工、财产和经营情况，告知其移交债务人的印章证照、财产和经营情况，配合接管业务。

由于PPP项目公司资产多、情况复杂，管理人应提前对债务人的经营地和主要财产保管地进行实地考察，并于接管前制作工作计划，计划内容包括接管时间、地点、人员、接管财产的范围和种类、特殊财产处理、是否分批次接管、维稳隐患和舆情风险等。对于特殊财产的接管，需要作出特别的安排。如易燃品、易爆品和化工物品等危险类财产；易损、易腐、易贬值的财产；涉密性资产和资料；需专业管理人员或具有专业资质人员保管的财产。

管理接管时应当制作移交清单、接管笔录，告知债务人的相关人员的法定义务和法律责任，接管笔录和移交清单由管理人和债务人的相关人员签名确认。接管笔录应当包括以下内容：（一）相关人员的法律责任；（二）债务人的营业状况；（三）债务人的资产状况；（四）债务人的债权债务情况，并向管理人提交已知债权人清单；（五）债务人职工的安置情况，包括职工工资、经济补偿金支付情况及社会保险费用的缴纳情况；（六）债务人的出资情况；（七）债务人是否存在企业破产法第三十一条至第三十三条规定的行为；（八）债务人的董事、监事和高级管理人员是否存在利用职权获取非正常收入或者侵占债务人的财产行为；（九）债务人未履行完毕的合同情况；（十）有关债务人的未审结诉讼、仲裁以及未执行完毕的案件情况；（十一）有关债务人的其他情况。接管具体财务或文件资料的，应同时制作移交清单。移交清单应列明移交财物或文件资料名称、份数、是否为原件，注明财产是否正在使用、财产瑕疵情况，并附照片、笔录及视频资料。对于不属于债务人所有但由债务人占有或管理的财产、债务人关联企业或分支机构所有的财产应当注明权属。

管理人接管的具体内容如下：

（一）印章和证照。应接管的债务人印章包括：公章、财务专用章、合同专用章、发票专用章、海关报关章、职能部门章、各分支机构章、电子印章、法定代表人印鉴。在现场移交过程中，接管印章应当制作印章移交清单，并在移交清单上加盖所移交的每枚印章的印模，以便确定移交印章的印文；对印章的实物应拍照打印作为附件，以确定移交印章的实物状态。移交人和管理人的工作人员应在移交清单与附件上签字确认，并由双方签字人员手写注明移交的具体时间点。管理人接管的债务人印章应由专人保管，用印必须登记。用印章时，必须由经办人提出申请，管理人、负责人审查同意后方可使用印章。

应接管的债务人证照资料包括：批准设立文件、营业执照、税务登记证书及各类资质证书、权利证书、电子文档和管理系统及其授权密码等。接管证照资料应当制作证照移交清单，移交清单应当列明以下内容：证照名称、证书编号、正本、副本、有效期、份数及原件或复印件等。管理人接收的债务人证照资料必须由专人保管，确保安全。

在现场接管时发现缺少印章或证照，导致管理人未能完全接管，管理人的工作人员应当在本省市具有影响力的媒体发布遗失公告。

（二）接管财务资料。管理人应根据对债务人的财务资料的掌握情况，并在保障安全的情况下决定是否移交。如不具备移交条件，应告知债务人的有关人员承担妥善保管的义务，如具备移交条件，应对财务资料进行详细清点，账册、凭证和报表按照成立时间的先后顺序进行清点。清点完毕后应制作移交清单、接管笔录，告知债务人的有关人员的法律责任，接管工作完成后由管理人和债务人的有关人员在移交清单、接管笔录上签名确认。

接管的财务资料主要包括各年度会计账簿及凭证；报表；纳税申报表；审计报告；历次股权变更协议及验资报告；截至审计基准日的银行对账单或银行询证函；涉及往来的询证函；存货盘点明细；大额采购合同；固定资产明细清单；房产权属证明；车辆权属证明；无形资产明细清单及其权利证书；在建工程报建资料；施工合同；设施设备采购合同；预决算书；工程款拖欠情况表；对外应收账款明细表及其发生的协议；应付款项明细表及其发生的协议；应交税明细表；税务报告；对外投资的相关材料；对外抵押或保证的清册及合同；职工名册及劳动合同；社会保险缴费记录；欠薪明细表；涉及诉讼、仲裁的文书；等等。

（三）接管行政、业务资料。应接管的债务人行政、业务资料，应遵循以下三个原则：1.以接管资料原件为原则，复印件为例外；2.以管理人专人管理为原则，就地封存为例外；3.应分类制作移交清单，由交接人分别签字确认。

应接管的债务人行政、业务资料包括但不限于：1.公司治理资料，章程、股东会和董事会资料、公司各类文件。移交清单中应当列明资料名称、编号、制作日期、效力、形成方式、备案方式、份数及原件或复印件等。2.劳动人事资料，劳动合同、人事档案。移交清单中应当列明名称、编号、涉及人员姓名、性别、身份证号码、联系方式、入职时间、劳动合同的签订日期、劳动合同的有效期、职务、离职手续。3.业务资料，业务合同、与客户往来文件资料，应按不同客户分别列表的方式进行接管，移交清单中应当列明以下内容，文件名称、编号，文件内容、签订日期、有效期、客户名称、住所、联系人、联系方式、联系地址、电子邮箱、份数及原件或复印件等。4.生产技术资料，生产台账、生产计划报表、项目进度表，技术图纸，项目工艺要求。移交清单中应当列明文件名称、编号、性质、内容、目的/用途、制作单位/人、制作日期、有效期、份数及原件或复印件等。

（四）接管PPP项目运营。管理人在接管前要对债务人详细了解并做好充分准备，对在职的职工和管理人员要进行充分的沟通，做到充分掌控债务人营业事务，对可能存在的风险作出全面的评判，以有利于债务人财产保值增值、有利于职工权益和债权人权益最大化为原则，并制定接管及接管后的营业事务管理制度。

管理人接管PPP项目运营，应当充分考虑的因素包括：1.有利于债务人财产的保值增值；2.对职工、债权人权益的影响；3.营业的风险和责任的承担；4.有利于重整；5.对社会公众利益的影响。

## 五、特许经营企业临时接管的特别要求和程序

特许经营企业有下列行为之一的，相关主管部门报经本级政府批准，实施临时接管：（一）擅自转让、出租特许经营权的；（二）存在重大安全隐患且拒不整改，危及或者可能危及公共利益、公共安全的；（三）因管理不善，发生重大质量、生产安全事故的；（四）擅自停业、歇业，严重影响社会公共利益和公共安全的；（五）被依法注销、关停的；（六）擅自将所经营的财产进行处置或者抵押的；（七）法律法规规定可以终止特许经营协议的其他情形。

临时接管应按下列步骤进行：（一）PPP项目公司主管部门向本级人民政

府报告所发生的重大事项，并提出临时接管申请；（二）人民政府批准同意后，正式启动临时接管应急预案；（三）临时接管机构向特许经营企业出具政府批准文件，进驻特许经营企业实施接管；（四）临时接管期间，PPP项目公司主管部门负责组织正常生产，其他部门按预案分工协作；（五）在临时接管的同时，PPP项目公司主管部门应与特许经营企业进行谈判，对同意及时整改、接受处罚、承担违约责任，并能挽回影响的，可以继续经营；对拒不整改、无能力恢复正常生产的，应当按法定程序终止特许经营协议，取消其特许经营权，重新招标择优选择后续特许经营者。

## 第二节　PPP项目公司预重整制度

### 一、预重整概念、原因和可行性

破产重整是我国企业破产法中规定的制度，预重整是指对可能或者已经发生破产原因但又有挽救希望与挽救价值的法人企业，通过对各种利害关系人（包括但不限于债权人、股东、法院和政府），调整PPP项目公司债务结构，减轻债务负担，进而维持公司生存和发展，避免造成企业破产、职工失业、资源浪费、项目终止，给社会经济带来损失，从而减少社会动荡。

尽管PPP项目公司存在资金链断裂、人员流失等现象，但是项目还是优等或者重大民生工程，可以借鉴企业破产法中的预重整制度。债务人具备重整原因的，债权人可以向PPP项目公司主管部门提出申请对债务人进行预重整，债务人也可以自行提出重整申请或者出资额占债务人注册资本十分之一以上的出资人，可以申请对债务人进行重整。债务人有下列情形之一的，应当认定其具有重整原因：（一）不能清偿到期债务，并且资不抵债；（二）不能清偿到期债务，并且明显缺乏清偿能力；（三）有明显丧失清偿能力的可能。

预重整的目的不仅必须具有重整的原因，还要债务人具有预重整价值，即债务人的继续经营价值大于清算价值。判断债务人的重整价值，应当综合考虑下列因素：（一）债务人的行业地位和行业前景，包括债务人的市场认可度、产能先进性等；（二）债务人的经营情况，包括债务人经营模式的成熟程度、经营团队的稳定性和经营管理的运行情况等；（三）债务人的资质价值，包括债务人的资本价值、特许经营权或者生产资质等；（四）债务人的品牌价值，包括债务人的营销网络、客户关系、品牌效应及其商誉等；（五）债务人的社会公共价值，包括债务人对国计民生及公共利益的重大影响等；（六）能够体现债务人重整价值的其他情形。社会中介机构、预重整管理人出具的报告可以作为判断债务人重整价值的参考。

债务人具有预重整可行性是指，债务人的现有资源和条件能够保证重整计划的执行。判断债务人的重整可行性，应当综合考虑下列因素：（一）债务人的重整意愿及其配合程度；（二）主要债权人支持重整的情况；（三）重整方案及重整投资人情况；（四）法律与政策障碍情况；（五）重整与清算模式下的清偿率情况。社会中介机构、预重整管理人出具的报告可以作为判断债务人是否具有重整可行性的参考。

## 二、预重整管理人和职责

可以借鉴企业破产法关于管理人的规定，由有关部门、机构的人员组成的清算组或依法设立的律师事务所、会计师事务所、破产清算事务所等社会中介机构担任，也可以由PPP项目公司根据公司章程组建清算组或其他方式确定管理人。债务人和债权人及投资人共同推荐有管理经验的中介机构或其他单位，在当地中级人民法院破产管理人库里的单位可以优先推荐考虑。

有下列情形之一的，不得担任管理人：

（一）因故意犯罪受过刑事处罚；

（二）曾被吊销相关专业执业证书；

（三）与本案有利害关系；

（四）不宜担任管理人的其他情形。

在指定预重整管理人后，在接财产调查、债权登记审查、委托审计评估等工作过程中，要关注债务人是否具有重整的可能性。对于具有重整可能性的，管理人可以与具有重整申请资格的债务人及其债权人沟通交流，并引导其适时提交重整申请。

预重整并非企业破产法规定的正式重整程序，有关管理人职责主要参考企业破产法关于管理人职责的有关规定，并结合PPP项目公司特点确定，一般包括如下：

（一）接管债务人的财产、印章和账簿、文书等资料；

（二）调查债务人的基本情况、财产状况、制作财产状况报告；

（三）调查债务人是否具有预重整价值和可能性；

（四）推动债务人与其出资人、债权人、意向投资人等利害关系人进行协商，引导各方就重整方案达成共识；

（五）登记债权、预审查债权、编制债券表；

（六）受理、审查取回权、抵销权主张；

（七）根据《企业破产法》第三十一条至第三十三条规定追回财产；

（八）组织召开债权人会议及关系会议；

（九）代表债务人参加诉讼、仲裁或者其他法律程序；

（十）指定或协助债务人制订预重整计划草案；

（十一）组织债权人会议对预重整计划草案进行表决；

（十二）债务人继续经营的，监督债务人的经营；

（十三）监督债务人披露有关预重整信息；

（十四）监督债务人管理处分财产和营业行为；

（十五）管理人认为应当履行的其他职责。

管理人在推动预重整过程中应将工作重点放在对债务人的生产经营情

况、资产及负债情况的调查和梳理上，充分发掘和提升企业重整价值。

管理人审查债务人实施的涉及财产、经营和人员重大处分行为的，应当遵循以下原则：（一）维持债务人生产经营所必要，且不损害全体债权人合法权益；（二）维护债务人重整价值所必要；（三）有利于实现全体债权人的合法权益。

债务人自行管理期间出现下列情形之一的，管理人应当终止债务人的自行管理：（一）债务人法人治理结构存在问题；（二）债务人违反忠实义务，存在欺诈、恶意减少财产或者其他不利于债权人的行为；（三）债务人违反勤勉注意义务，造成程序迟延或产生其他严重不利后果；（四）债权人会议认为债务人自行管理损害债权人合法权益，并作出撤销债务人自行管理决议；（五）其他不应当继续由债务人自行管理的情形。

管理人接管以后可以做以下工作，包括但不限于：

（一）重整的初步调研工作。管理人在接管债务人企业后，通过资产调查等措施，查明债务人是否具有重整价值和对债务人的重整可行性进行评估。

（二）指导申请人提交预重整申请。实践中，申请人先与管理人沟通，再向管理人递交重整申请书。管理人在收到重整申请书后，可以对申请书格式、内容予以初步审查，如果有所欠缺的告知申请人调整。在涉及多方当事人申请重整时，管理人可以协调各方意见，了解各方的重整目的。

（三）指导申请人编写重整可行性分析报告。实践中，申请人对重整可行性报告不够重视，内容空洞，流于形式，理由不充分，导致重整失败。

对重整可行性的辨识并非单一地以债务人为考察对象，还需征询债权人、投资方等多方意见，考察法律政策、经济效益等多方面情况。重整可行性分析报告具体应包括但不限于如下内容：

（一）债务人是否具有重整的原因，介绍债务人的营业情况和负债情况、资产情况，管理人登记债权和确认债权情况、财产调查结果和审计结果等内容。

（二）债务人是否具有重整的希望和可能，须说明债务人的重整意愿、债务人是否具有继续经营的条件、通过调整偿债是否有利于债权人利益最大化。

（三）债务人是否具有重整的价值，包括重整的经济价值和社会价值、重整再生的成本分析。

（四）职工和主要债权人对重整的态度。

（五）是否有重整的投资人。

## 三、预重整的申请人和申请需要提交的材料

当PPP项目公司在管理上出现僵局或者资金链断裂等严重影响PPP项目公司生产运营，致使PPP项目停滞，甚至出现破产的可能性时，申请人可以引进企业破产法中的预重整制度，打破PPP项目公司运行僵局，促使PPP项目顺利完成。这里提到的申请人可以是债权人，也可以是债务人和出资额占债务人注册资本十分之一以上的出资人。

债权人申请重整的，应当提交下列材料：（一）重整申请书，载明申请人和被申请人的基本信息、申请事项、申请的事实和理由；（二）申请人的主体资格证明；（三）债务人的主体资格证明和最新工商登记材料；（四）债务人不能清偿到期债务的证据；（五）债务人具有重整价值的证据。

债务人申请重整的，应当提交下列材料：（一）重整申请书，载明申请人和被申请人的基本信息、申请事项、申请的事实和理由；（二）申请人的主体资格证明；（三）债务人的主体资格证明和最新工商登记材料；（四）债务人不能清偿到期债务的证据；（五）债务人具有重整价值的证据；（六）债务人资产及负债明细；（七）债务人有关财务会计报告；（八）债务人债权、债务及担保情况表；（九）债务人诉讼、仲裁及执行情况清单；（十）债务人职工安置预案；（十一）债务人重整可行性分析报告。

出资额占债务人注册资本十分之一以上的出资人申请重整的，应当提交下列材料：（一）重整申请书，载明申请人和被申请人的基本信息、申请事项、申请的事实和理由；（二）申请人的主体资格证明；（三）债务人的主体资格证

明和最新工商登记材料；（四）债务人不能清偿到期债务的证据；（五）债务人具有重整价值的证据；（六）债务人资产及负债明细；（七）债务人有关财务会计报告；（八）债务人职工安置预案；（九）债务人重整可行性分析报告。

上市公司债权人、上市公司及其出资人申请对该上市公司重整的，除分别提交上述材料外，还应当提交上市公司住所地省级人民政府向证券监督管理部门的通报材料、证券监督管理部门的意见以及上市公司住所地人民政府出具的维稳预案。

国有独资企业或国有资本控股企业申请重整的，应当经履行出资人职责的国有资产监督管理机构或国有企业上级主管部门同意，且企业职工已妥善安置或已制订切实可行的员工安置方案。债权人申请对国有独资企业或国有资本控股企业进行重整的，管理人应当将申请情况告知履行出资人职责的国有资产监督管理机构或国有企业上级主管部门，并说明相应法律责任。

## 四、债务人的职责

若PPP项目公司经营不善、资金链断裂等多种原因导致PPP项目公司陷入僵局，则债务人应当履行必要的义务，促使公司僵局化解。

（一）债务人履行信息披露义务。在预重整程序中，管理人应监督债务人及时全面准确披露相关信息。在债权人、意向出资人或其他利害关系人就预重整方案进行沟通时，债务人应当进行信息披露，披露的原则如下：

1. 及时披露原则。债务人对预重整相关信息均应在最短时间内进行披露，一般应在3日内予以披露。

2. 全面披露原则。预重整披露内容应当包括预重整时期，债务人对预重整涉及的全部信息，如破产申请的原因、经营状况、资产负债情况、重大诉讼情况、资产处理情况、投资人情况、预重整主要条件或预重整计划草案内容、职工情况等。

3. 准确披露原则。债务人为上市公司或相关法律对债务人信息披露有具体规定的，债务人披露信息内容、程序和方式应当符合法律规定要求。债务人披露的信息应准确无误，不得弄虚作假。

（二）配合管理人调查，根据询问如实回答并提交材料。

（三）勤勉经营管理，妥善维护资产价值。

（四）及时向管理人报告经营中的重大事项。

（五）不得对外清偿债务，但维系基本生产必要的开支除外。

（六）未经允许，不得对外提供担保。

（七）积极与出资人、债权人、意向投资人协商，制作重整方案。

（八）完成与预重整相关的其他工作。

债务人自行管理的，应当履行下列职责：

（一）负责营业事务。

（二）管理债务人的财产、账簿和文书等资料。

（三）建立债务人日常管理的制度架构，制定相关规范文件。

（四）决定债务人内部管理事务。

（五）决定债务人的留用人员。

（六）按财务管理制度决定日常开支和其他必要开支。

（七）向债权人会议报告财产状况。

（八）接受管理人监督，向管理人提交预决算表，定期对账。

（九）制订重整计划草案及其说明文件。

（十）相关法律或职责分工方案规定的债务人其他职责。

## 五、预重整投资人

### （一）预重整投资人的概念

预重整投资人是指在预重整程序中，当债务人无力自行摆脱经营及债务困境时，为债务人提供资金或者其他资源，帮助债务人清偿债务、恢复经营能力的自然人、法人或其他组织。预重整投资人可以是单一的自然人、法人或其他组织，也可以是两个以上自然人、法人或者其他组织组成的联合体。

预重整投资人可以由债务人或管理人通过协商和公开招募的方式引进，也可以由债权人推荐。

债务人自行管理财产和营业事务的，债务人可以通过协商引进重整投资人。

管理人负责管理财产和营业事务的，重整投资人由管理人向社会公开招募或自第一次债权人会议召开之日起一个月内，债务人不能就债务清偿及后续经营提出可行性方案的，管理人可以向社会公开招募预重整投资人。

### （二）预重整投资人确定的方式

**1.协商方式确定预重整投资人**

管理人经审查发现下列情形的，可以申请协商确定重整投资人。（1）债务人与意向投资人已在预重整或者债务人自行经营管理期间初步形成可行的债务清偿方案和出资人权益调整方案的；（2）在重整申请受理时，债务人已确定意向投资人，该意向投资人已经持续为债务人的继续营业提供资金、代偿职工债权，且债务人已经就此制订出可行的债务清偿和出资人权益调整方案的；（3）重整价值可能急剧丧失，需要尽快确定重整投资人的；（4）存在其他不适宜公开招募重整投资人的情形，并经债权人会议或者债权人委员会同意的。

**2.公开方式确定预重整投资人**

管理人公开招募重整投资人的，应当在债务人资产评估工作完成后及时启动。管理人也可以根据重整案件实际情况，提前启动公开招募。

管理人应当自债权人会议通过重整决议作出之日起三十日内招募重整投资人。公开招募重整投资人的，管理人应当及时制作招募方案并提交PPP项目公司主管部门审批。招募方案应当在本省具有影响力的媒体发布公告，期限不少于十五日，公告内容包括但不限于招募启动时间、公告期限、招募文件主要内容等。

招募公告应当载明下列事项：（1）案件基本情况，债务人的资产、负债等基本情况；（2）意向预重整投资人应当具备的资格条件，有效的主体资格证明文件、资质、财务、业绩介绍及相关证明材料、预重整预案（包括重整资金来源、出资人权益调整、债权调整、债权清偿及后续经营方案等）；（3）意向预重整投资人缴纳保证金的要求；（4）确定预重整投资人的标准和程序；（5）参加招募程序的报名方式及期限；（6）获取招募文件的方式及期限；（7）对预重整投资人及其预重整方案的特殊要求。

公告招募多家预重整投资人参与的，经管理人初步审查合格并缴纳保证金的，由债权人会议选定预重整投资人，选定规则为：（1）经出席会议的有表决权的债权人过半数同意，并且其所代表的债权额占无财产担保债权总额二分之一以上的，该意向预重整投资人即为重整投资人。（2）经表决所有意向重整投资人均不符合第一项规定的标准，但其中一家意向预重整投资人获得同意的表决人数、债权额比例均超过其他意向重整投资人的，该意向重整投资人即为重整投资人。（3）经表决所有意向重整投资人均不符合第一、二项规定的标准，但仅有两家意向预重整投资人参与表决的，获得较多债权人支持的即为重整投资人；超过两家意向预重整投资人参与表决的，由债权人会议对最多债权人和最多债权额同意的两家意向重整投资人按照本条规则再次表决。经PPP项目公司主管部门同意，债权人会议可以另行通过符合PPP项目特点的选定规则。

### （三）投资协议签订

确定重整投资人后，管理人、债务人以及预重整投资人可以签署《预重整投资协议》，上市公司对协议签订情况应当及时予以公告，国有企业对协议签订情况应当及时上报国资部门批准。

《预重整投资协议》内容，包括但不限于以下内容：1.协议签署的基本情况。主要包括债务人进入破产程序的情况、选定管理人的情况、第一次债权人会议的情况，以及管理人代表债务人与重整投资人的前期抵触、磋商情况。2.重整投资人的基本情况。除了工商登记可查询的信息以外，还应包括重整投资人在债务人所经营领域的实力情况、重整投资人与债务人的关联情况等非公开信息。3.重整的主要目标和方式。包括重整投资人参与重整的目的、实现重整的基本手段（包括但不限于股权让渡计划和债务偿还安排等）。4.保证金支付。在《预重整投资协议》中应当约定保证金金额、支付方式、支付时间等。5.其他事项。

## 六、预重整计划

### （一）预重整计划的制订

债务人自行管理财产和营业事务的，由债务人制作预重整计划草案；管理人负责管理财产和营业事务的，由管理人制作预重整计划草案。

预重整计划的制订全过程要遵循诚实守信、公平公正、合法、可行和期待利益的原则。预重整计划草案应当包括下列内容：

1.债务人基本情况的介绍。包括但不限于重整主体的初始设立、历史变革、资产情况、负债情况以及偿还能力等内容。

2.债务人的经营方案。预重整的重要目的之一是维持企业的经营价值，不同于和解协议重在清偿债务，经营方案是预重整计划的重要组成部分，后续如何经营、如何盈利、实现经营价值，是各方当事人高度关注的问题。

3.债权分类方案。债权分类实际上是对债权人会议表决的设置而进行的分类。通常包括职工债权组、法定的担保债权组、税款债权组和普通债权组，在特殊情况下可能有小额债权组等。

4.债权调整方案。债权调整方案不同于债权受偿方案，实践中许多管理人对两者不加以区分，内容存在混用的情况。债权调整主要是指对债权性质的调整，譬如有财产担保的债权，对其在担保财产的变价收入范围内优先受偿，超出担保财产变价收入的部分作为普通债权受偿。

5.债权受偿方案。在该方案中应当包括受偿方式、受偿期限、偿债资金来源和偿债保障措施。

6.预重整计划的执行。重整计划经债权人会议通过后即为生效。自预重整计划通过之日起10日内，债务人或者管理人应当向PPP项目公司主管部门申请重整计划的执行。审查预重整计划的基本原则：（1）程序合法原则，即重整计划的制订和表决程序符合法律规定；预重整期间通过的重整计划，意见征集以充分披露信息为前提。（2）公平原则，即公平对待同一表决组成员。（3）绝对优先原则，即破产清算程序的法定清偿顺序同样适用于重整程序。（4）最大利益原则，即持反对意见的债权人依据重整计划可获得的清偿比例不低于其在破产清算中可获得的清偿比例。（5）可行性原则，即经营方案以及重整计划的执行方式均不存在可能导致无法执行或者破产清算的法律及事实障碍。

预重整计划执行完毕的标准通常包括：（1）向债权人分配偿债资金，债务清偿完毕；（2）按照重整计划的规定已经对余债展期部门作出明确的偿还计划；（3）重整费用已根据重整计划的规定支付完毕。

7.预重整计划执行的监督。管理人始终要保持诚实守信、公平公正、合法、可行和期待利益原则，以保障债权人利益、预重整成功为导向。管理人须坚持重整投资条件下对债权人和债务人合法权益的保护，严格按照既定的权利义务督促各方当事人全面履行，程序不能出现瑕疵。管理人监督职责主要包括但不限于：（1）定期听取债务人财务状况及重整计划执行情况的报告；（2）及时发现并纠正债务人执行重整计划过程中的违法或不当行为；（3）审查债务人提出延长重整计划执行期限申请；（4）重整计划执行完毕后，应当向各方当事人提交监督报告。

8.出资人权益调整事项。出资人权益调整是《企业破产法》中规定的特有的制度。对重整投资人而言，通过获得债务人重整的控制权，并最终实现投资回报的路径。

9.有利于债务人重整的其他方案。

### （二）预重整计划草案的表决

分组表决。各类债权的债权人参加讨论重整计划草案的债权人会议，依照下列债权分类，分别对重整计划草案进行表决：1.对债务人的特定财产享有担保权的债权；2.债务人所欠职工工资和医疗、伤残补助、抚恤费用，所欠应当划入职工个人账户的基本养老保险、基本医疗保险费用，以及法律、行政法规规定应当支付的补偿金；3.债务人所欠税款；4.普通债权。实践中，管理人可以结合PPP项目公司实际情况，就小额债权组设置单独的小额债权组，该组债权可获得高于其他普通债权的清偿比例。

表决机制。实践中，大部分参照公司法中公司股东会规定的表决机制，出资额占资本总额三分之二以上的股东同意或出席会议的股东所持表决权三分之二以上同意即可视为通过。也有参照企业破产法第八十四条第二款规定的表决机制，需要过半数股东同意，并且出资额占资本总额三分之二以上的方为通过。

表决方式。表决重整计划草案，预重整阶段，管理人组织债权人、债务人出资人、投资人对预重整计划草案等方案进行协商表决，可以采取现场表决、书面表决或者网络表决等方式进行。现场会议由债权人会议主席主持，管理人给予指导。

表决内容。表决程序按照下列顺序进行：1.债务人或管理人对重整计划草案进行说明；2.管理人或债务人对重整计划草案发表意见；3.债务人或管理人回答债权人对重整计划草案的询问；4.各表决组投票表决。

### （三）召开听证会

预重整管理人在听取申请人及各方关系人意见后，应当积极主动加强沟通，通过听证会的方式了解诉求，寻找问题解决方案，最终实现预重整的目标。

预重整管理人在会前应当做好预重整会议准备工作，主要工作包括会议时间的确定、会议议程、会议场地、会议内容的选择，以及会议参加人的选择和通知。

正确引导各方关系人充分表达对预重整的观点和态度，需要管理人在事前对相关当事人进行必要的沟通，消除其对预重整程序的误解，告知其预重整程序的优势，在会议前消除各方当事人对预重整程序的疑虑和非理性的情绪。

听证会由管理人组织，由重整申请人、债务人的法定代表人、财务人员和职工代表以及管理人认为应当参加听证调查的其他人员参加。债务人的债权人、出资人、重整投资人等利害关系人在合议庭准许后，可以参加听证调查。按照企业破产法听证的顺序，首先，由申请人陈述申请的事实和理由，并出示相关证据；其次，债务人有关人员针对预重整发表意见；再次，管理人对债务人是否具备重整原因、重整价值、重整可行性和是否存在重整障碍等相关情况进行询问；最后，由申请人和被申请人发表意见。

### （四）预重整工作报告

预重整工作完成或预重整期间届满，管理人应当提交预重整工作报告，就债务人是否具有重整价值和重整可行性作出判断；就是否形成预重整方案以及预重整方案的协商表决情况、是否申请进入重整程序等方面的工作及时报告。

预重整工作报告一般包括下列内容：债务人的基本情况；债务人出现经营或财务困境的原因；债务人的资产、负债情况；债务人的生产经营状况；债务人重整价值的分析意见；债务人重整可行性的分析意见；是否形成预重整计划草案的协商表决情况；进行重整的潜在风险及相关建议。

审查重整申请时，管理人可以根据案件情况，征询市场监管部门、企业主管部门、行业协会以及行业专家的意见。国有独资企业或国有资本控股企业申请重整的，应当经履行出资人职责的国有资产监督管理机构或国有企业上级主管部门同意，且企业职工已妥善安置或已制订切实可行的员工安置方案。债权人申请对国有独资企业或国有资本控股企业进行重整的，管理人应当将申请情况告知履行出资人职责的国有资产监督管理机构或国有企业上级主管部门，并说明相应法律责任。

# 第三节　PPP项目公司退出制度

以习近平新时代中国特色社会主义思想为指导，统筹推进“五位一体”总体布局，协调推进“四个全面”战略布局，坚持稳中求进工作总基调，坚持新发展理念，坚持推动高质量发展，坚持以供给侧结构性改革为主线，以促进资源优化配置和提高资源使用效率为目标，按照市场化、法治化原则，建立健全市场主体退出制度，提高市场重组、出清的质量和效率，促进市场主体优胜劣汰和资源优化配置，推动经济高质量发展和现代化经济体系建设。

## 一、基本原则

坚持市场化改革。充分发挥市场配置资源的决定性作用，规范市场竞争秩序，减少市场扭曲，完善优胜劣汰的市场机制，促进生产要素和资源由无效低效市场主体向高效市场主体流动，最大限度地发挥各类要素和资源潜力。更好地发挥政府作用，创新调控、监管、服务方式，为市场主体依法退出营造良好的制度环境。

坚持法治化方向。加快完善市场主体退出的法律法规，尊重和保障市场主体自主经营权利。有效衔接各类法律法规和相关政策，有效降低市场主体退出交易成本。在市场机制不能有效发挥作用的领域，通过合理运用公共政策，引导或强制低效无效市场主体依法有序退出，同时畅通退出权利救济途径。

坚持约束与激励并举。强化市场纪律，促进市场主体审慎经营，防止盲目激进经营和过度负债。对经营失败的诚实市场主体给予适当宽容，使退出市场主体承担合理有限责任，保留再创业机会，保护创新创业的积极性。

坚持保护PPP各方合理权益。处理好企业职工、各类债权人、股东以及其他利益相关方之间的权利义务关系，切实防范逃废债等道德风险，确保各方依法公平合理分担退出成本，保障市场主体退出稳妥有序、风险可控。同时着眼全局和长期利益，提高退出效率，防止利益纠葛久拖不决导致多输局面。

## 二、规范市场主体退出方式

按照市场化法治化原则，进一步明确市场主体退出方式，完善规范退出的条件、标准和具体程序，使各类市场主体均有适当的退出方式和渠道。

（一）规范自愿解散退出。PPP项目公司在其设立章程中应按照意思自治原则依法对解散事由作出约定，当解散事由出现时，除法律另有规定外，由市场主体按照治理程序决议解散，自愿退出市场。

（二）稳妥实施强制解散退出。对强制解散退出应设定救济程序，依法保障退出市场主体和利益相关方的合法权益。

（三）明确特定领域退出规则。因公共安全、产业调控、区域发展、技术标准、环境保护等公共利益需要，有关机关可以依法强制或引导市场主体从特定生产领域、业务领域退出。研究在相关法规和政策中进一步明确特定领域退出的触发条件、补偿机制。

（四）建立健全破产退出渠道。通过破产方式，畅通存在债权债务关系的市场主体退出渠道。

## 三、完善退出机制

建立政策成本效益和成本有效性分析制度，审慎评估因公共利益而要求经营者退出特定生产或业务领域的必要性，按照比例原则以成本最小化的方式达成政策目标，尽量避免影响市场主体正常生产经营活动。对竞争性领域，审慎使用强制退出方式，主要通过激励性措施引导实现特定领域退出；因公共利益确需强制退出的，应依法建立补偿机制，保障退出市场主体和其利益相关方的合法权益。对垄断性行业和其他实行许可管理的行业，应在行业监管规则中明确经营者退出标准，并定期开展审查，经营者达到退出标准的，应依法退出特定生产或业务领域；行业监管规则中应同时明确因公共利益需退出的事由、程序和补偿标准，作为经营者准入条件，当事由出现时，应按法定程序退出并按标准进行补偿。

## 四、切实防范国有资产流失

按照市场化法治化原则，完善PPP政府方资产价值发现和监督机制，进一步健全完善国有资产流失责任认定及追究制度，规范国有资产登记、转让、清算、退出等程序和交易行为，发挥专业化中介机构作用，涉及资产评估的，应当依法履行资产评估程序。在市场主体退出过程中，坚持国有资产市场化定价原则，鼓励通过产权、股权、证券市场发现和合理确定资产价格，促进国有资产保值增值。优化国有资产退出审批机制和程序，提高审批效率，强化信息公开，加强社会监督，防止因内部人控制、利益输送等造成国有资产流失。

## 五、完善市场主体退出资产资源优化利用制度

引导各类资产进入产权交易市场，充分发挥产权交易市场的价格发现、价值实现功能，为市场主体退出过程中资产流转和变现创造良好的市场基础。

第七章

# 政府PPP项目公司索赔的主要依据

# 第一节　发包人资质文件

发包人资质文件是指发包人应取得法律上认可的法人条件，包括营业执照（三证合一）以及从事相关开发活动所需的企业资质证书等法律性文件。

房地产开发企业是以营利为目的，从事房地产开发和经营的企业。设立房地产开发企业，应当具备下列条件：（一）有自己的名称和组织机构；（二）有固定的经营场所；（三）有符合国务院规定的注册资本；（四）有足够的专业技术人员；（五）法律、行政法规规定的其他条件。

根据《城市房地产开发经营管理条例》规定，设立房地产开发企业，应当向县级以上人民政府工商行政管理部门申请登记。工商行政管理部门对符合本条例第五条规定条件的，应当自收到申请之日起30日内予以登记；对不符合条件不予登记的，应当说明理由。房地产开发主管部门应当根据房地产开发企业的资产、专业技术人员和开发经营业绩等，对备案的房地产开发企业核定资质等级。房地产开发企业应当按照核定的资质等级，承担相应的房地产开发项目。具体办法由国务院建设行政主管部门制定。

违反《城市房地产开发经营管理条例》相关规定，未取得资质等级证书或者超越资质等级从事房地产开发经营的，由县级以上人民政府房地产开发主管部门责令限期改正，处5万元以上10万元以下的罚款；逾期不改正的，由工商行政管理部门吊销营业执照。该条明确规定对于无资质或超越资质登记进行房地产开发建设的发包惩罚措施。但与此同时，发包人与承包人签订的建设工程合同效力应当属于有效的，笔者认为这属于管理性强制性规范，不具有效力性强制性规范。

## 第二节　承包人资质不足

承包人资质文件是指承包人应取得法律上认可的法人条件，包括营业执照（三证合一）以及从事相关开发活动所需的企业资质证书等法律性文件。

从事建筑活动的建筑施工企业、勘察单位、设计单位和工程监理单位，应当具备下列条件：（一）有符合国家规定的注册资本；（二）有与其从事的建筑活动相适应的具有法定执业资格的专业技术人员；（三）有从事相关建筑活动所应有的技术装备；（四）法律、行政法规规定的其他条件。

从事建筑活动的建筑施工企业、勘察单位、设计单位和工程监理单位，按照其拥有的注册资本、专业技术人员、技术装备和已完成的建筑工程业绩等资质条件，划分为不同的资质等级，经资质审查合格，取得相应等级的资质证书后，方可在其资质等级许可的范围内从事建筑活动。

从事建筑活动的专业技术人员，应当依法取得相应的执业资格证书，并在执业资格证书许可的范围内从事建筑活动。

根据《建筑业企业资质标准》规定，我国建筑业企业资质分为施工总承包、专业承包和劳务分包三个序列。其中施工总承包序列有12个类别，一般分为4个等级（特级、一级、二级、三级）；专业承包序列设有36个类别，一般分为3个等级（一级、二级、三级）；施工劳务序列不分类别和等级。

取得施工总承包资质的企业（以下简称施工总承包企业），可以承接施工总承包工程。施工总承包企业可以对所承接的施工总承包工程内各专业工程全部自行施工，也可以将专业工程或劳务作业依法分包给具有相应资质的专业承包企业或劳务分包企业。施工总承包序列的12个类别分别是：建筑工程施工总承包、公路工程施工总承包、铁路工程施工总承包、港口与航道工程施工总承包、水利水电工程施工总承包、电力工程施工总承包、矿山工程施工总承包、冶金工程施工总承包、石油化工工程总承包、市政公用工程施工总承包、通信工程施工总承包和机电工程施工总承包。

取得专业承包资质的企业（以下简称专业承包企业），可以承接施工总承包企业分包的专业工程和建设单位依法发包的专业工程。专业承包企业可以对所承接的专业工程全部自行施工，也可以将劳务作业依法分包给具有相应资质的劳务分包企业。专业承包序列的36个类别分别是：地基基础工程专业承包、起重设备安装工程专业承包、预拌混凝土专业承包、电子与智能化工程专业承包、消防设施工程专业承包、防水防腐保温工程专业承包、桥梁工程专业承包、隧道工程专业承包、钢结构工程专业承包、模板脚手架专业承包、建筑装修装饰工程专业承包、建筑机电安装工程专业承包、建筑幕墙工程专业承包、古建筑工程专业承包、城市及道路照明工程专业承包、公路路面工程专业承包、公路路基工程专业承包、公路交通工程专业承包、铁路电务工程专业承包、铁路铺轨架梁工程专业承包、铁路电气化工程专业承包、机场场道工程专业承包、民航空管工程及机场弱电系统工程专业承包、机场目视助航工程专业承包、港口与海岸工程专业承包、航道工程专业承包、通航建筑物工程专业承包、港航设备安装及水上交管工程专业承包、水工金属结构制作与安装工程专业承包、水利水电机电安装工程专业承包、河湖整治工程专业承包、输变电工程专业承包、核工程专业承包、海洋石油工程专业承包、环保工程专业承包和特种工程专业承包。

取得劳务分包资质的企业（以下简称劳务分包企业），可以承接施工总承包企业或专业承包企业分包的劳务作业。

司法实践中，发包人在招标文件、资格审查中应当注意审查承包人的经营范围及相应资质证书，避免承包人资质问题导致合同无效。当事人超越经营范围订立的合同，人民法院不因此认定合同无效，但是违反国家限制经营、特许经营以及法律、行政法规禁止经营规定的除外。建筑工程实行直接发包的，发包单位应当将建筑工程发包给具有相应资质条件的承包单位。禁止建筑施工企业超越本企业资质等级许可的业务范围或者以任何形式用其他建筑施工企业的名义承揽工程。《最高人民法院关于审理建设工程施工合同纠纷案件适用法律问题的解释（一）》第一条规定，建设工程施工合同具有下列情形之一的，应当依据民法典第一百五十三条第一款的规定，认定无效：（一）承包人未取得建筑业企业资质或者超越资质等级的；（二）没有资质的实际施工人借用有资质的建筑施工企业名义的；（三）建设工程必须进行招标而未招标或者中标无效的。承包人因转包、违法分包建设工程与他人签订的建设工程施工合同，应当依据民法典第一百五十三条第一款及第七百九十一条第二款、第三款的规定，认定无效。综上所述，承包人超越经营范围、无资质或超越资质等级承接工程的，签订的建设工程合同应为无效。

司法实践中，针对承包人已完工程经鉴定质量合格的，有权要求发包人支付已完工程价款，但发包人同时有权要求承包人承担其资质不足承揽工程造成的工期延误费用及发包人重新履行招标投标程序重新选定合法合格的承包人进行后续工程建设增加的费用。承包人已完工程虽经修复但仍不能达到质量标准要求的，发包人有权主张返还已付工程款及支付质量不合格导致的拆除费用、修复费用、工期延误及重新招标而增加的费用。针对承包人借用资质承揽工程已完工程但经修复后竣工验收仍不合格的，发包人可将名义施工人与实际施工人列为共同被告，要求双方就工程质量向发包人就拆除费用、修复费用、工期延误增加的费用等相关损失承担连带责任，且无权请求支付工程价款。

司法实践中，有以下情形之一的，应当认定为没有资质的实际施工人借用有资质的建筑施工企业名义承揽建设工程（通常所称的“挂靠”）：（一）不具有从事建筑活动主体资格的个人、合伙组织或企业以具备从事建筑活动资格的建筑企业的名义承揽工程；（二）资质等级低的建筑企业以资质等级高的建筑企业的名义承揽工程；（三）不具有工程总包资格的建筑企业以具有总包资格的建筑企业的名义承揽工程；（四）有资质的建筑企业通过其他违法方式允许他人以本企业的名义承揽工程的情形；（五）相互间无资产产权联系，即没有以股份等方式划转资产的；（六）无统一的财务管理，各自实行或者变相实行独立核算的；（七）无符合规定要求的人事任免、调动和聘用手续的；（八）法律、行政法规规定的其他情形。挂靠人以被挂靠人的名义订立建设工程施工合同，因履行该合同而产生的民事责任，挂靠人与被挂靠人应当承担连带责任。

# 第三节　项目前期审批手续

PPP项目施工前，发包人或承包人在必要时协助发包人办理包括施工所需的土地使用权证、建设用地规划许可证、建设工程规划许可证、临时用地许可证等行政审批手续和文件。

（一）土地使用权证。单位和个人依法使用国有土地，由土地使用者向土地所在地县级以上人民政府土地行政主管部门提出土地登记申请，由县级以上人民政府登记造册，核发国有土地使用权证书，确认使用权。

（二）建设用地规划许可证。在城市、镇规划区内以划拨方式提供国有土地使用权的建设项目，经有关部门批准、核准、备案后，建设单位应当向城市、县人民政府城乡规划主管部门提出建设用地规划许可申请，由市、县人民政府城乡规划主管部门依据控制性详细规划核定建设用地的位置、面积、允许建设的范围，核发建设用地规划许可证。

（三）建设工程规划许可证。在城市、镇规划区内进行建筑物、构筑物、道路、管线和其他工程建设的，建设单位或者个人应当向城市、县人民政府城乡规划主管部门或者省、自治区、直辖市人民政府确定的镇人民政府申请办理建设工程规划许可证。

（四）施工许可证。建筑工程开工前，建设单位应当按照国家有关规定向工程所在地县级以上人民政府建设行政主管部门申请领取施工许可证；但是，国务院建设行政主管部门确定的限额以下的小型工程除外。按照国务院规定的权限和程序批准开工报告的建筑工程，不再领取施工许可证。

（五）建设项目施工和地质勘查需要临时使用国有土地或者农民集体所有的土地的，由县级以上人民政府土地行政主管部门批准。其中，在城市规划区内的临时用地，在报批前，应当经有关城市规划行政主管部门同意。土地使用者应当根据土地权属，与有关土地行政主管部门或者农村集体经济组织、村民委员会签订临时使用土地合同，并按照合同的约定支付临时使用土地补偿费。

司法实践通常认为发包人未取得建设用地规划许可证、建设工程规划许可证将影响施工合同的效力。

发包人未取得建筑工程施工许可证签订合同的，大多数人认为违反的是管理性禁止性规定，不属于效力性强制性规定，因此合同效力不受影响。司法实践中，发包人在未取得建筑工程施工许可证，通过协议的方式要求施工单位进场施工，并且明确约定在未取得建筑施工许可证期间，承包人不得拒绝施工。如果被政府有关部门责令停工的，被责令停工期间产生的损失、延误工期的不可以向发包人索赔。

施工合同被认定无效后，因该合同取得的财产，应当折价补偿。有过错的一方应当赔偿对方因此所受到的损失，双方都有过错的，应当承担相应的责任。施工合同无效后，自始没有约束力，但对于承包人主张的直接损失及工程价款中的人工、材料、机械等直接费用法院一般都予以支持；合同中关于承包人应支付违约金的约定或发包人应支付的违约金请求都很难获得支持；发包人预期利润损失主张承包人承担的诉请也很难获得支持。除此之外，建设工程可能因未取得用地规划、工程规划审批许可而被认定为违章建筑进而被有关部门责任拆除，发包人将因此遭受巨大损失。

发包人或承包人应在开工前办理上述有关审批手续，并获得相关权属证书，承包人在必要时也应当配合发包人办理相关手续，避免损失发生。

## 第四节　招标前签订的施工合同（或协议）或承诺

在工程实践中，发包人和承包人在招标前就已经签订了施工合同（协议）或单方出具的承诺书，用来改变中标后的备案合同。前者为发包人和承包人的真实意思表示，后者为发包人和承包人履行行政备案手续。但无论是招标前的施工合同还是单方出具的承诺书，对于依法必须进行招标的项目，招标人违反本法规定，与投标人就投标价格、招标方案等实质性内容进行谈判的，将给予警告，对单位直接负责的主管人员和其他直接责任人员依法给予处分；影响中标结果的，中标无效。

综上所述，笔者认为，若工程项目属于必须招标的，发包人与承包人在招标前已就实质性内容进行商谈，达成一致意见并签署了施工合同，将必然导致招标前签署的施工合同和中标后的备案合同均无效，此时发包人和承包人可能参照实际履行的合同结算工程款。若项目不属于必须招标项目的，发包人和承包人签署了招标前的施工合同，并且已经依法将经过招标投标程序的中标合同进行了备案，如果两份合同所涉及的主要条款内容不一致的，通常情况下，发包人和承包人应当依据备案的中标合同作为结算工程价款的依据。

## 第五节　招标文件

招标文件包括招标文件及其附属文件，如招标图纸，技术标准、规范及有关技术文件，水文地质、地下管网坐标控制点资料，参考资料、现场资料和勘察记录等。

招标图纸是由设计单位完成，建设单位用于施工招标的图纸。在清单计价的建设工程施工领域，招标图纸通常是招标工程量清单制作的基础，一份精准的工程量清单，应充分、全面地体现招标图纸中的工程量。

技术标准，是国家或行业对需要统一的技术事项制定国家或行业标准。技术规范是标准文件的一种形式，是规定产品、过程或服务应满足技术要求的文件。

就建设工程而言，技术标准、规范及有关技术文件的适用，应优先适用强制性标准、规范，但合同约定的标准高于强制性标准、规范的除外。

水文地质资料包括地下水、土壤、岩层、气象等；地下管网资料包括施工范围内供水、排水、燃气、热力、电力、通信、广播电视、工业等管线及其附属设施的分布；坐标控制点资料指通过全球定位测量得到的用于确定拟建筑物确切位置的坐标点。

招标人随招标文件提供的用于投标人了解项目情况的资料、文件，具体包括参考资料、现场资料和勘察记录等。这类资料一般是对项目现场情况的介绍文件，如招标前委托第三人完成的地质勘查，研究的技术性文件，等等。此类文件资料一般不作为招标文件的组成部分，但由于施工合同有时会对此类文件内容的完整性、准确性的责任作出约定，且该类材料内容可能会影响承包人的投标条件、投标价款，所以此类材料在工程纠纷中也颇为常见。

司法实践中，有的施工合同组成文件通常包括招标文件，招标文件进行补充的文件即招标过程中发包人发出的答疑文件等，补充的招标文件即对已经发出的招标文件进行必要的澄清或者修改的文件。当上述文件和其他文件相冲突时，应根据合同约定的文件解释顺序确定优先适用的文件。由于该类文件系招标人率先向投标人就项目概况、合同条件发出的文件，为签订建设工程施工合同的基础资料，能客观地反映发包人签订建设工程施工合同时的真实意图和项目的基本情况，因此该类文件常作为工程索赔中双方提出索赔的证据。

招标图纸能比较准确地体现工程内容及工程量，因此经常在与工程内容及造价方面产生争议。由于招标图纸是由设计单位完成，发包人用于施工招标的图纸，与招标工程量清单有较高的对应性，所以在发包人和承包人是否实际发生变更或变更的具体内容、工程量存在争议时，利用招标图纸与施工图纸进行对比是日常处理纠纷使用较多的一种方法。

在水文地质、地下管网、坐标控制点资料等因素引发的工期、价款、损害赔偿等争议中，发包人提供的上述相关资料可用于确定责任主体。

坐标控制点资料涉及建筑物的确切位置，如发包人提供的坐标控制点资料存在错误，致使建筑物位置偏离规划位置，进而受到行政机关处罚或第三方索赔的，应由发包人承担过错责任，承包人根据自己的工作经验并有合同义务提出坐标控制点存在错误，而未提出的，根据过错程度承担相应的责任。

技术标准、规范及有关技术文件是判断及区分工程质量缺陷责任的重要依据。对承包人而言，按合同约定的技术标准规范及有关文件进行施工，使工程量达到合同约定的标准，向发包人交付符合要求的工程。反之，发包人有权要求承包人无偿返工、修复，承担工期延误等违约责任，并赔偿发包人因此受到的损失。对发包人而言，应保证其提供的建筑材料、构筑配件、设备等符合强制性标准。如发包人原因造成工程质量不合格或未达到合同约定的质量标准，发包人应向承包人承担违约责任或赔偿相应的损失，包括但不限于增加的施工费用，工期延误费用以及合理利润等。承包人明知发包人提供的建筑材料、建筑配件、设备等不符合强制性标准、规范或不符合合同约定而未提出，或者对上述材料在使用前未按约定或规定检验或检验不合格情况下仍然使用的，承包人应根据过错程度承担相应的责任。

在工程实践中，发包人提供的施工现状、周边环境、地质、气候、天气因素、现场资料及勘察记录等存在错误，造成承包人工作量加大、返工等损失的，有经验的承包人一般会在投标前主动了解施工地现场及所在区域的气候、天气、地质及环境情况，并将了解到的有关信息考虑在投报的施工组织计划及投标报价中。司法实践中，这类纠纷屡见不鲜，例如，现场情况与描述不一致引起的纠纷；地质情况与勘察资料不符引起的纠纷；文物和地下障碍物导致的工期损失纠纷；发包人拖延提供施工现场引起的纠纷。

# 第六节 投标文件

投标人应当按照招标文件的要求编制投标文件。投标文件应当对招标文件提出的实质性要求和条件作出响应。投标文件由商务部分和技术部分组成。商务部分主要包括企业营业执照、资质证书、安全生产许可证、法定代表人身份证明书、法人授权委托书、投标函、投标函附录、投标保证金交存凭证复印件、对招标文件及合同条款的承诺及补充意见、工程量清单计价表、投标报价说明、投标一览表、投标文件电子版等。技术部分主要包括施工部署、施工现场平面布置图、施工方案、施工技术标准、施工组织设计及施工进度计划（包括施工段的划分、主要工序及劳动力安排以及施工管理机构或项目经理部组成）、施工机械设备配备情况、质量保证措施、工期保证措施、安全施工保证措施、文明施工措施。

发包人和承包人均有可能依据投标文件向对方主张索赔的情形，如承包人往往利用商务标中的工程量清单计价表、报价表及技术标中的施工组织设计及施工进度计划、施工机械设备配备情况等向发包人索赔人、材、机费用上涨损失及停工、窝工损失。如因承包人原因工资延误时，发包人往往利用商务标中的投标承诺或其他含有承诺性的表示文件以及技术标中的施工组织设计及施工进度计划向承包人索赔工程延期违约金及经济赔偿金等索赔情形。

司法实践中，承包人在明知未取得工程施工许可证即进场施工的情况下，可能面对因勒令停工而产生的一切损失，甚至面临被行政机关行政处罚的风险。同时，在此种情况下，开工日期如何计算，司法实践中有两种不同的做法，一种做法是，办理施工许可证属于发包人的义务，由此带来的损失由发包人承担，承包人的开通日期从取得施工许可证之日起算；另一种做法是，发包人未及时取得施工许可证，但双方对开工日期有明确约定，且承包人未提出异议也未拒绝停工，故工期以约定的为准。

# 第七节　中标文件

中标文件通常是指中标通知书和除了中标通知书以外的中标的投标文件，例如，预算书、中标承诺书、中标施工组织设计等。

中标通知书。承诺是受要约人同意要约的意思表示，即招标人向投标人发出中标通知书，表明其接受投标人的投标书内容，并同意受投标书的约束。中标人确定后，招标人应当向中标人发出中标通知书，并同时将中标结果通知所有未中标的投标人。中标通知书对招标人和中标人均具有法律效力。中标通知书发出后，招标人改变中标结果的，或者中标人放弃中标项目的，应当依法承担法律责任。

综上所述，对中标人而言，其收到中标通知书后，就应该积极与招标人签订书面合同；对招标人而言，面对中标人在规定的期限内没有签署中标合同的，不实施建设工程，应充分利用现有的招标文件、投标文件及中标通知书等证据材料追究中标人的违约责任，维护自身合法权益。

预算书是指投标人在招投标阶段依据招标文件的条件和要求，向招标人提交的报价文书，包括工程量清单计价表、投标报价说明、投标一览表等。通常情况下，中标预算书的预算总价等同于中标合同价。

中标承诺书是指中标人于投标文件中基于招标人及招标文件的要求作出的具有承诺性意思表示的文书。

施工组织设计为中标人就工程施工部署作出的承诺，即保证性文件。它是施工活动有序、高效、科学合理进行的保证。

施工组织设计一般包括四项基本内容：（一）施工方法与相应的技术组织措施，即施工方案；（二）施工进度计划；（三）施工现场平面布置；（四）有关劳动力，施工机具，建筑安装材料，施工用水、电、动力及运输、仓储设施等暂设工程的需要量及其供应与解决办法。

司法实践中，根据要约和承诺的规定，承包人在订立合同阶段提交的施工组织设计应属于承包人要约的组成部分，发包人和承包人可在专用条款中根据项目情况自行约定，这赋予了发包人更大的自主空间。同时，合同履行过程中因承包人原因工期延误，发包人同意承包人重新提交的施工组织设计，对发包人和承包人均具有约束力，双方应遵照执行，但发包人的同意并不代表减轻和免除承包人根据法律规定或合同约定应当承担的工期、质量、安全、管理等方面的责任与义务。发包人和承包人都可以依据中标文件向违约方主张违约责任，如因发包人原因影响承包人关键线路施工而引起的停工、窝工损失及人、材、机费用的索赔；如因承包人未按承诺工期及进度计划竣工而引起的索赔、处罚、扣减工程款等。

## 第八节　中标备案合同

所谓中标备案合同，一般是指依法必须招标的项目，招标人通过公开或邀请招标选择中标人或非必需招标项目的当事人履行了招投标程序并与中标人按照招投标文件订立合同，且向建设行政主管部门备案的书面合同。根据《中华人民共和国招标投标法》，招标人和中标人应当自中标通知书发出之日起30日内，按照招标文件和中标人的投标文件订立书面合同；招标人和中标人不得再行订立背离合同实质性内容的其他协议。

司法实践中，中标人不与招标人订立合同的，投标保证金不予退还并取消其中标资格，给招标人造成的损失超过投标保证金数额的，应当对超过部分予以赔偿；没有提交投标保证金的，应当对招标人的损失承担赔偿责任。招标人无正当理由不与中标人签订合同，给中标人造成损失的，招标人应当给予赔偿。

工程实践中，发包人和承包人为了共同的不法利益，规避法律规定和行政监管，时常在备案中标合同签订后，就同一建设工程项目另行签订补充协议，旨在变更工程价款、质量、工期等方面与备案中标合同不一致的内容。这里的备案合同就是人们常说的“白合同”，未经过备案的合同就是“黑合同”。这里需要解决的是以“白合同”还是“黑合同”确定当事人的权利义务的问题，选择不同的合同依据，结果会千差万别，但几乎都是围绕工程价款的结算、索赔项目的差异等。司法实践中，原则上依据备案的中标合同作为结算的依据，即招标人和中标人另行签订的建设工程施工合同约定的工程范围、建设工期、工程质量、工程价款等实质性内容，与中标合同不一致，一方当事人请求按照中标合同确定权利义务的，人民法院应予支持。但也有例外，如备案的中标合同与当事人实际履行的合同均因违反法律、行政法规的强制性规定而无效，在这种情形下只能依据实际履行合同作为结算的参考。有些法院要求据实结算，而有些法院遇此情形时则依据鉴定机构造价鉴定意见据实结算。

司法实践中，对于依法必须进行招标的工程，除发包人和承包人在合同中明确约定备案为合同生效条件外，施工合同未备案不影响合同生效。

工程实践中，存在部分工程无须进行招投标，但也按照招投标程序进行招投标且向相关部门进行了备案，此时又签署与备案合同不一致的合同，司法实践中经过招标投标的，应当以中标合同作为工程价款的结算依据。

## 第九节　中标人中标后拒签中标合同

招标是要约邀请，是招标人以订立合同为目的向特定或不特定的主体发出招标的意思表示。投标是要约，是投标人按照招标人提出的要求，在规定期间内积极响应招标人要求，向招标人发出的以订立合同为目的的意思表示。中标通知书，是招标人对中标投标人的一种承诺。承诺生效时合同成立。中标通知书对招标人和中标人均具有法律效力。

实践中，招标人因自身战略规划、工程规划调整、资金短缺、现场未完成“六通一平”（水、电、路、邮、信、暖气、平整土地）而不具备施工条件等原因，在中标通知书发出后，中标人拒绝签订施工合同的情形较多，还有因建筑市场竞争非常激烈，采取低价竞争，在收到中标通知书后不签施工合同的情形。

当事人一方不履行合同义务或者履行合同义务不符合约定，给对方造成损失的，应当承担赔偿责任，损失赔偿额应当相当于违约所造成的损失，包括合同履行后可以获得的利益，但不得超过违反合同一方订立合同时预见到或者应当预见到的违反合同可能造成的损失。司法实践中，中标通知书发出后，中标人放弃中标项目的，无正当理由不与招标人签订施工合同的，在签订合同时向招标人提出附加条件或者更改合同实质性内容的，或者拒不提交所要求的履约保证金的，取消其中标资格，投标保证金不予退还；给招标人造成的损失超过投标保证金数额的，中标人应当对超过部分予以赔偿；没有提交投标保证金的，应当对招标人的损失承担赔偿责任。也可以向有关部门举报，对依法必须进行施工招标的项目的中标人，由有关行政监督部门责令改正，可以处中标金额千分之十以下罚款。

## 第十节　承包人未投相应的保险

合同可以约定承包人应以发包人和承包人的共同名义向双方同意的保险人投保建筑工程一切险、安装工程一切险、工伤保险、意外伤害险，当然，承包人作为施工设备所有权人，还可以对施工用的机械设备投保，防止损失发生。上述险种具体的投保内容、保险金额、保险费率、保险期限都可以自主约定，除属于承包人法定投保业务外，发包人的有些险种也可以约定由承包人承担。建筑工程一切险，是指对于各类民用、工业和公用事业建筑工程项目，包括房屋、道路、水坝、桥梁、港埠等，在施工过程中自然灾害或意外事故引起的一切损失的险种。安装工程一切险，是指针对各种机器的安装以及钢结构工程的实施提供的专门保险，主要适用于工厂的机器、钢结构、起重机、设备、储油罐、吊车的安装以及包含机械工程因素的各种建造工程项目。工伤保险属于施工企业的法定投保义务，即建筑施工企业应当依法为职工参加工伤保险缴纳工伤保险费。鼓励企业为从事危险作业的职工办理意外伤害保险，支付保险费。

司法实践中，建筑工程一切险、安装工程一切险可以在合同中约定由发包人或承包人购买，法律上对此没有明确规定。工伤保险是由多部法律明确规定的，由用人单位为本单位全部职工或者雇工缴纳工伤保险费。意外伤害保险是国家鼓励并非强制建筑施工企业为从事危险作业的人员购买的意外伤害险种。

## 第十一节　项目经理履职不到位

虽然我国已经取消了项目经理资质，但是为了顺利实现合同约定的工程质量、安全、进度、成本管理等各项目的，发包人与承包人通常还会要求项目经理驻场管理。

项目经理应为合同当事人所确认的人选，并在专用合同条款中明确项目经理的姓名、职称、注册执业证书的编号、联系方式、授权范围及工作经历等事项。项目经理经承包人授权后代表承包人履行合同。

司法实践中，为了防止承包人借用项目经理资质非法转包工程，发包人可以要求承包人在项目结束前任何时间提供与项目经理签订的劳动合同、为其缴纳的社会保险等资料。承包人在限期内不提交上述文件的，属于承包人违约，并承担相应的违约责任。同时，发包人还可以要求承包人更换项目经理，承包人应当在限期内更换项目经理，并承担由此造成的损失、延误的工期和费用。

## 第十二节　施工图纸

施工图纸除了常规的施工图以外，还包括设计交底、图纸会审记录、测绘资料等工程文件，这些是工程施工所依据的基础文件资料。

施工图是表示工程项目总体布局，建筑物的外部形状、内部布置、结构构造、内外装修、材料做法以及设备、施工等要求的图样。设计交底是指在发包人主持下，由设计单位就建筑物的功能与特点、设计意图和要求等方面向承包人进行的技术性交代。施工设计交底主要交代施工中可能遇到的问题和施工过程中的注意事项。图纸会审是指发包人、施工人、监理单位在收到设计单位施工图纸后，对图纸进行全面细致的了解，审查图纸中存在的问题及不合理情况并提交设计单位进行处理的一项重要活动，其通常由发包人组织并做好记录工作。

上述资料是确认工程承包人是否符合设计规范要求、是否存在单方变更工艺、偷换或浪费工程材料、工程质量缺陷责任的重要依据。也是承包人向发包人主张工程设计变更导致的费用增加、工期的延长，工程质量缺陷的抗辩等。

# 第十三节　施工现场条件

为保证承包人完成工程而由发包人提供的基本施工条件，就是我们通常所说的“三通一平”（即通水、通电、通路、土地平整）或“七通一平”（即给水、排水、电力、通信、燃气、热力、道路通和土地平整），其均属发包人提供施工现场条件的范畴。

发包人应负责提供施工所需要的条件，包括：1.将施工用水、电力、通信线路等施工所必需的条件接至施工现场内；2.保证向承包人提供正常施工所需要的进入施工现场的交通条件；3.协调处理施工现场周围地下管线和邻近建筑物、构筑物、古树木的保护工作，并承担相关费用；4.按照专用合同条款约定应提供的其他设施和条件。发包人未提供施工现场条件或提供的施工现场条件不符合施工需要的，应对承包人由此延误的工期及增加的费用予以赔偿。

司法实践中，承包人负责采购的超限工程物资（超重、超长、超宽、超高）的运输，由承包人负责，该超限物资的运输费用及运输途中的特殊措施、拆迁、赔偿等全部费用，都包括在合同价内。运输过程中增加的费用，由承包人承担。造成工程关键路径延误时，竣工日期不予延长，合同中另有约定的除外。承包人应为所需要的专用或临时道路包括进场道路的通行、维护、交通标志、人身侵权等承担全部费用。

# 第十四节　工程进度计划

工程进度计划是承包人对发包人在规定时间内完成工程建设的承诺，发包人有权要求承包人按照工程进度计划施工，承包人未按工程进度计划施工延误工期的，发包人可根据合同约定要求承包人支付违约金及其他费用。其一般包括施工总进度计划、单位工程进度计划、分部分项工程进度计划及季度/月/周进度计划。

施工总进度计划是以建设项目为对象，根据合同约定的工期和施工条件，在施工方案和流程的基础上，对工程中所有施工活动在时间进度上的总体安排。承包人在编制施工总进度计划时应注意合理划分工程项目并确定施工顺序，准确估算各项目的工程量并确定其施工工期，保证在劳力、物资以及资金消耗量最少的情况下，按规定工期完成拟建工程施工任务；采用合理的施工方法，使建设项目的施工连续、均衡地进行。

单位工程进度计划是在既定施工方案、工期与各种资源供应条件的基础上，遵循合理的施工顺序对单位工程内部各个施工过程作出的时间、空间方面的安排。单位工程进度计划可以作为判断施工作业所需的劳动力、施工机具与材料供应计划的依据。

分部分项工程进度计划是针对工程量较大或施工技术比较复杂的分部分项工程，在依据工程具体情况所制订的施工方案基础上，对其各施工过程所作出的时间安排。如基础土方工程、桩基工程等，均应编制详细的进度计划，以保证单位工程施工进度计划的顺利实施。

司法实践中，发包人往往关注承包人未按施工总进度计划完工应承担违约责任，而忽略承包人未按单位工程进度计划、分部分项工程进度计划及季度/月/周进度计划施工应承担违约责任。建议在上述计划中单独设置相应的违约条款，便于督促承包人按期履行合同。

# 第十五节 开工文件

开工文件就是我们日常所说的开工通知书、开工令，即由发包人或监理单位的总监理工程师签发并下达的要求开工的书面指令文件。开工日期是指承包人进场开始施工的日期，是建设工程工期计算的起点，对于确定建设工程工期具有非常重要的意义。建设单位应当自领取施工许可证之日起三个月内开工。因故不能按期开工的，应当向发证机关申请延期；延期以两次为限，每次不超过三个月。既不开工，又不申请延期或超过延期的时限的，施工许可证自行废止。未取得施工许可证或者开工报告未经批准擅自施工的，责令改正，对不符合开工条件的责令停止施工，可以处以罚款。

开工报告，即记载开工日期、地点情况等事项的内容，主要包括三类：第一类是总体开工报告，即应由承包人在开工前向监理工程师提交涉及施工机构的建立、质检体系、安全体系、劳动力、材料、机械设备、检测仪器进场、水电供应、临时设施的修建、施工方案的准备情况等；第二类是分部工程开工报告，即应由承包人在分部工程开工前向监理工程师提交，主要内容包括施工地段与工程名称、现场负责人名单、施工组织和劳动力安排、材料供应、机械设备进场、材料实验及质量检查手段等；第三类是中间开工报告，即承包人因故停工后重新施工前向监理工程师提交的开工报告。

司法实践中，取得施工许可证前工程已实际施工的，有相应证据证明实际开工日期的，法院一般予以认可，并不单纯以施工许可证尚未办理为由否定实际开工日期。实际开工日期一般按照以下原则予以确定：承包人有证据证明实际开工日期的，应认定该日期为实际开工日期；承包人无证据证明实际开工日期，但有开工令的，应认定开工令中记载的开工日期为实际开工日期；没有开工令，但有开工报告的，应认定开工报告中记载的开工日期为实际开工日期；无开工报告但有竣工验收记录的，则应以竣工验收记录中的开工日期为准；无竣工验收记录的，以合同约定的开工日期为准。

## 第十六节 承包人怠于行使发包人指令

发包人或监理人有权监督、检查承包人在竣工试验安全方案中列出的工作及落实情况，有权提出安全整改及发出整顿指令。承包人有义务按照指令进行整改、整顿，所增加的费用由承包人承担。

发包人的指令是指在建设工程施工合同履行过程中发包人为保证项目工程达到既定目标而向承包人发送的有关设计变更、工期调整等书面指示。发包人的确认文件是指发包人对工程实际施工状况或承包人提出的异议进行确认的书面文件。发包人的指令或确认通常是以工程量确认单、工程签证单、工程联系单、洽商变更单等形式出现，并采用书面形式，经监理工程师或授权代表人签字后，转递给承包人的项目经理或授权代表等人员，承包人的授权代表签字或盖章后生效。

发包人的指令及确认文件造成承包人费用增加、工期延长等损失的，承包人可以将发包人的指令及确认文件作为索赔的依据。对于承包人怠于执行或拒不执行发包人已经发布的指令而造成工期延误、拆除、返工、重新施工等损失的，发包人可以据此向承包人进行索赔。司法实践中，承包人知道或应当知道发包人指令及确认文件存在问题或者施工过程中发现问题，而没有及时提出意见和建议继续施工，最终导致建设工程质量存在隐患或瑕疵的，承包人应承担与其过错相适应的责任。

司法实践中，发包人或监理工程师下发指令的程序应符合法律规定和合同约定，指令的内容应符合工程施工实际，且应确保书面指令已经传达或送达承包人，并留有相应的证据材料，以便索赔顺利进行。

# 第十七节 承包人挪用安全文明施工措施费用

投标人应当根据现行标准规范，结合工程特点、工期进度和作业环境要求，在施工组织涉及文件中制定相应的安全防护、文明施工措施，并按照招标文件要求，结合自身的施工技术水平、管理水平对工程安全防护、文明施工措施项目单独报价。投标人安全防护、文明施工措施的报价，不得低于依据工程所在地工程造价管理机构测定费率计算所需费用总额的90%。

安全文明施工措施包括安全警示标志牌、现场围挡、五板一图（工程概况、管理人员名单及监督电话、安全生产规定、文明施工、消防保卫，施工现场总平面图）、企业标志、厂容厂貌、材料堆放、垃圾清运、现场办公生活设施、配电线路、配电箱、开关箱、接地保护装置、楼板、屋面、阳台等临边防护、通道口、预留洞口、电梯井口、楼梯边、垂直交叉作业、高空作业的防护，应急救援预案等项目。安全文明施工措施费用是指国家现行的建筑施工安全、施工现场环境与卫生标准和有关规定，购置和更新施工安全防护用具及设施、改善安全生产条件和作业环境所需的费用，包括文明施工费用、环境保护费、临时设施费、安全施工费。

施工单位对列入建设工程概算的安全作业环境及安全施工措施所需费用，应当用于施工安全防护用具及设施的采购和更新、安全施工措施的落实、安全生产条件的改善，不得挪作他用。

司法实践中，承包人应在财务账目中单独列项备查，不得挪作他用。发包人可以在合同中约定定期或不定期检查，一经发现挪作他用，发包人有权依据合同约定责令承包人限期整改，逾期不改的，可以责令暂停施工，由此造成的损失或增加的费用或延误的工期，由承包人承担。同时，发包人可以向有关单位进行举报，有关单位经查证属实的，可以责令承包人限期整改，可处挪用费用20%以上50%以下的罚款。

# 第十八节　承包人违反安全施工及管理义务

根据建筑法、质量管理条例、安全生产管理条例等法律、法规的规定，建筑施工企业在编制施工组织设计时，应当根据建筑工程的特点制定相应的安全技术措施；对专业性较强的工程项目，应当编制专项安全施工组织设计，并采取安全技术措施。施工现场安全由建筑施工企业负责。实行施工总承包的，由总承包单位负责。分包单位向总承包单位负责，服从总承包单位对施工现场的安全生产管理。工程监理单位和监理工程师应当按照法律、法规和工程建设强制性标准实施监理，并对建设工程安全生产承担监理责任。

在实际施工过程中，垂直运输机械作业人员、安装拆卸工、爆破作业人员、起重信号工、登高架设作业人员等特种作业人员，必须按照国家有关规定经过专门的安全作业培训，并取得特种作业操作资格证书后，方可上岗作业。否则可能因操作不规范，酿成重特大安全责任事故。同时，施工单位还应当对基坑支护与降水工程、土方开挖工程、模板工程、起重吊装工程、脚手架工程、拆除、爆破工程等国务院建设行政主管部门或其他有关部门规定的其他危险性较大的工程编制专项施工方案，并附具安全演算结果，经施工单位技术负责人、总监理工程师签字后实施，由专职安全生产管理人员现场监督。

司法实践中，承包人在治安保卫、文明施工等方面未尽管理义务或未采取保证安全生产的必要措施，违章作业、冒险施工引发安全生产责任事故、造成发包人费用增加、工期延误的，发包人有权向承包人主张索赔；导致发生重大伤亡事故或者造成其他严重后果的，还会因涉嫌重大安全责任事故罪而面临刑事处罚。

# 第十九节 施工组织不当、资源配置不足的行为

在建设工程实践中，承包人劳动力缺乏或机器设备落后、技术力量薄弱无法满足项目需求、管理水平低下、流动资金不足等问题造成劳动生产率低，从而可能导致工期延误。作为建设工程施工的总承包人，不仅要拥有先进的设计、施工技术，还要兼备工程经济方面的知识，在抓好工程质量、工期、安全监督的同时应提高劳动生产率。导致劳动生产率低的情形主要有以下原因：承包人主观上故意拖延开工或进度；施工方案不合理；资源配置不足；施工管理或组织不当；等等。

司法实践中，首先，发包人应在合同中将承包人劳动生产率低的情形作为违约责任的条款，并约定相应的赔偿标准。其次，在工程施工过程中，发包人或监理人可通过施工进度计划与实际进度的差距发现承包人是否存在施工组织不当、资源配置不足的情形，并尽量保存与承包人之间的往来文件以及监理工程师现场记录。再次，施工组织不当、资源配置不足导致停工、窝工、工期延误等事实的，应形成会议纪要、协议、备忘录等书面件证明文件，以便最终工期、费用索赔。另外，发包人可以职工工程造价管理专业的人员常驻施工现场，随时掌握、控制工程成本的变化情况，进行费用跟踪控制，监督承包人的施工效率，同时也有利于为后期可能出现的延误索赔提供的材料。最后，施工合同中通常会对工期进行明确约定，把施工进度计划纳入考核机制，要求承包人在规定的时间内完成相应的工作。

承包人作为施工方，其编制施工进度计划时，应全盘考量与兼顾在施工过程中的管理控制以及各因素之间的协调配合，对于可能出现的影响工程施工进度的情况，要有充分的预估和准确的把握，才能保证施工进度计划的合理性和可操作性。承包人施工组织不当的情形大致如下：施工的任务、目标

不明确、施工所需人材机调配不足或延误；施工道路和场地布置不合理；材料、设施和设备未按期到达现场；等等。

## 第二十节　监理通知

监理通知，是指监理单位指派的监理工程师履行监理职责过程中，就施工质量、施工工艺、施工组织等方面以通知单的形式向承包人或发包人发出的书面文件。

监理单位根据法律法规、工程建设标准、勘察设计文件及合同，在施工阶段对建设工程质量、进度、造价进行控制，对合同、信息进行管理、对参建各方的关系进行协调，并履行建设工程安全生产管理法定职责。

发包人的委托在委托的监理范围、内容、职权，代发包人对承包人实施监督，由总监理工程师签字后发出。

## 第二十一节　会议记录及往来函件

会议记录是指项目各参建人对工程施工过程中产生的问题进行例行或者专门会议所形成的纪要性文件，包括但不限于工程例会会议纪要、监理会议纪要、专题会议纪要等。在日常工作中，有的事务也不是必须通过会议形式确定的，还可以通过各种函件予以确认，如承包人的要求、请求、工程联系单、通知书，发包人的确认函件等。

司法实践中，无论是会议纪要还是往来的函件都要做好签收登记工作，以便未来将其作为主张自己权利的重要依据。在签收记录上应有对方签收人员姓名、授权委托书、签收人身份证明及函件记载内容的重要信息，如工期问题、质量问题、工程价款问题等信息。

## 第二十二节　承包人施工记录

承包人施工记录主要包括工程备忘录和施工日志。工程备忘录，是在施工过程中由发包人和承包人双方及监理单位就特定事件发生原因、经过及处理情况进行如实记载的书面文件。施工日志是承包人对工程整个施工阶段的施工组织管理、施工技术等有关施工活动和现场情况变化的真实的综合性记录，也是处理施工问题的备忘录和总结施工管理经验的基本素材，是工程竣工验收资料的重要组成部分。记录时间从开工之日起到竣工之日止，由专人负责收集、填写和保管。其主要记录内容为：日期、天气、气温、工程名称、施工部位、施工内容、应用工艺；人员、材料、机械到场及运行情况；材料消耗记录、施工进展情况记录；施工是否正常、外界环境、地质变化情况；有无意外停工、有无质量问题存在、施工安全情况、监理到场及对工程认证和签字情况；有无上级或监理指令及整改情况；等等。

在整个工程建设周期中认真做好工程备忘录、施工日志，对承包人的工作进行全程记录，将有助于承包人在索赔中找到相关事实材料，与其他证据有机结合统一使用，最大限度地还原事实的客观性，在条件允许的情况下，可以附照片、会议材料或对方确认的材料。

## 第二十三节　承包人测量放线工作不足

发包人应对其提供的测量基准点、基准线和水准点及其书面资料的真实性、准确性和完整性负责。承包人发现发包人提供的上述基准材料存在明显错误或疏忽的，应及时通知监理人。监理人收到通知后，应及时报告发包人，并会同发包人和承包人予以核实，发包人应就如何处理和是否继续施工作出决定，并通知监理人和承包人。

承包人负责施工过程中的全部测量放线工作，并配置具有相应资质的人员、合格的仪器、设备和其他物品。承包人应纠正工程的位置、标高、尺寸或准线中出现的任何差错，并对工程各部分的定位负责。施工过程中对施工现场内水准点等测量标志物的保护工作由承包人负责。

司法实践中，虽然测量放线工作引起的索赔案例不多，但一旦出现，将造成巨大损失，可能会出现对已完工程的拆除、重建等严重后果。因此，在建设工程施工中，应尤其注意这项工作的重要性，在施工合同中明确约定责权利。

## 第二十四节　施工工料机文件

工料机为建设工程中所耗费或使用的人工、材料机械的统称。施工工料机文件主要是承包人在施工阶段对每月现场施工人员、每月消耗的主要材料及使用的主要机械情况记录表，用于确定人工、材料、机械、现场管理、总部管理等费用支出及利润的资料。月工料机动态表根据不同施工阶段填报后，由项目经理签字，并由承包人及监理单位各存一份。

司法实践中，多数承包人不重视月工料机动态的填写及上报，不对当月的人数及材料、机械消耗量进行统计和记录，缺乏证据留存意识。工料机动态表记载了承包人在实际施工过程中每月耗费或使用的人工、材料、机械情况，所以在承包人对发包人提起费用索赔时发挥着重要作用。当承包人因发包人原因存在停工或窝工情形时，可依据月工料机动态表所记载的人工数，主张停工损失、依据材料种类及数量主张停工或窝工额外增加的保管费、租赁费等损失。其既是发包人监督承包人完全履行合同的一种监管措施，也是向承包人主张工期延误等损失的证据材料。

## 第二十五节　气象资料

司法实践中，气象资料是承包人索赔费用和工期的重要参考资料，也是发包人对承包人索赔天气变化增加费用、顺延工期进行抗辩的依据，故发包人和承包人均应在施工过程中对反映项目工程天气情况的气象资料进行收集与保管。

承包人在建设工程施工合同签订前对工程项目所在地近年来的天气状况进行研究，有助于其进行合同谈判，预判计划工期。

司法实践中，不可抗力事件导致的费用及延误的工期由双方按以下方法分别承担：1.工程本身的损害、工程损害导致第三人人员伤亡和财产损失以及运至施工场地用于施工的材料与待安装的设备损害，由发包人承担；2.发包人、承包人人员伤亡由其所在单位负责，并承担相应的费用；3.承包人机械设备损坏及停工损失，由承包人承担；4.停工期间，承包人应工程师要求留在施工场地的必要管理人员及保卫人员的费用由发包人承担；5.工程所需清理、修复费用，由发包人承担；6.延误的工期相应顺延。因合同一方迟延履行合同后发生不可抗力的，不能免除迟延履行方的相应责任。

## 第二十六节　分包合同

分包合同是指总承包人将承包工程中的部分专业工程或劳务作业交由专业工程承包单位或劳务单位施工并与其签订的合同。

实践中，除总承包人分包合同外，还可以上发包人指定分包。这种情形大多由总承包人与指定分包人签订分包合同，但也有发包人、总承包人和指定分包人签署三方协议的。《房屋建筑和市政基础设施工程施工分包管理办法》等规定禁止发包人指定分包，发包人指定分包合同不进行备案。因此，司法实践中，建议大家不要采用发包人指定分包，更不能采用三方协议的形式签署分包协议。

分包工程发包人应当在订立分包合同后7个工作日内，将合同送工程所在地县级以上地方人民政府建设行政主管部门备案。分包合同发生重大变更的，分包工程发包人应当自变更后7个工作日内，将变更协议送原备案机关备案。

司法实践中，总承包人或勘察、设计、施工承包人经发包人同意，可以将自己承包的部分工作交由第三人完成。第三人就其完成的工作成果由总承包人或者勘察、设计、施工承包人向发包人承担连带责任，即建筑工程总承包单位按照总承包合同的约定对发包人负责；分包单位按照分包合同的约定对总承包单位负责；总承包单位和分包单位就分包工程对发包人承担连带责任。

发包人不得直接指定分包工程承包人。任何单位和个人不得对依法实施的分包活动进行干预。司法实践中，对发包人指定分包人造成建设工程质量缺陷的，发包人应承担过错责任。指定分包合同可作为总承包人质量缺陷免责或减轻责任的依据。

承包人选定的负责工程中建筑配件、建筑材料、工程设备供应的单位，未能按要求供应相应的材料或设备，致使工期延误的，承包人应承担全部责任。

## 第二十七节 承包人转包、违法分包

承包单位在承接工程后，对该工程不派出项目管理班子，不进行质量、安全、进度等管理，不依照合同约定履行承包义务，无论是工程全部转包给他人，还是以分包名义将工程肢解后分别转包给他人的，均属转包行为。根据《住房和城乡建设部关于印发建筑工程施工发包与承包违法行为认定查处管理办法的通知》第八条，存在下列情形之一的，应当认定为转包，但有证据证明属于挂靠或者其他违法行为的除外：（一）承包单位将其承包的全部工程转给其他单位（包括母公司承接建筑工程后将所承接工程交由具有独立法人资格的子公司施工的情形）或个人施工的；（二）承包单位将其承包的全部工程肢解以后，以分包的名义分别转给其他单位或个人施工的；（三）施工总承包单位或专业承包单位未派驻项目负责人、技术负责人、质量管理负责人、安全管理负责人等主要管理人员，或派驻的项目负责人、技术负责人、质量管理负责人、安全管理负责人中一人及以上与施工单位没有订立劳动合同且没有建立劳动工资和社会养老保险关系，或派驻的项目负责人未对该工程的施工活动进行组织管理，又不能进行合理解释并提供相应证明的；（四）合同约定由承包单位负责采购的主要建筑材料、构配件及工程设备或租赁的施工机械设备，由其他单位或个人采购、租赁，或施工单位不能提供有关采购、租赁合同及发票等证明，又不能进行合理解释并提供相应证明的；（五）专业作业承包人承包的范围是承包单位承包的全部工程，专业作业承包人计取的是除上缴给承包单位“管理费”之外的全部工程价款的；（六）承包单位通过采取合作、联营、个人承包等形式或名义，直接或变相将其承包的全部工程转给其他单位或个人施工的；（七）专业工程的发包单位不是该工程的施工总承包或专业承包单位的，但建设单位依约作为发包单位的除外；（八）专业作业的发包单位不是该工程承包单位的；（九）施工合同主体之间没有工程款收付关系，或者承包单位收到款项后又将款项转拨给其他单位和个人，又不能进行合理解释并提供材料证明的。两个以上的单位组成联合体承包工程，在联合体分工协议中约定或者在项目实际实施过程中，联合体一方不进行施工也未对施工活动进行组织管理的，并且向联合体其他方收取管理费或者其他类似费用的，视为联合体一方将承包的工程转包给联合体其他方。

建设工程中的内部承包在司法实践中是被认可的，其不同于转包。一般表现为建设工程施工合同的承包人将其承包的部分工程交由其下属的分支机构或在册的项目经理等企业职工个人承包施工，承包人通过日常监管、制度建设、奖惩机制等手段对工程施工过程、质量和安全统一管理。

《住房和城乡建设部关于印发建筑工程施工发包与承包违法行为认定查处管理办法的通知》第十一条、第十二条规定，本办法所称违法分包，是指承包单位承包工程后违反法律法规规定，把单位工程或分部分项工程分包给其他单位或个人施工的行为。存在下列情形之一的，属于违法分包：（一）承包单位将其承包的工程分包给个人的；（二）施工总承包单位或专业承包单位将工程分包给不具备相应资质单位的；（三）施工总承包单位将施工总承包合同范围内工程主体结构的施工分包给其他单位的，钢结构工程除外；

（四）专业分包单位将其承包的专业工程中非劳务作业部分再分包的；（五）专业作业承包人将其承包的劳务再分包的；（六）专业作业承包人除计取劳务作业费用外，还计取主要建筑材料款和大中型施工机械设备、主要周转材料费用的。

建设工程实践中，可以根据以下情形综合分析判断是属于内部承包、转包还是违法分包：（一）承包合同的主体是否实际上已经变更；（二）现场管理人员的隶属关系，与申报质量监督时是否一致；（三）承包人工作情况是否落实，如组织机构、工作协调、技术措施、工程质量、施工方案、工程质量、文明施工、安全施工等；（四）承包人的管理人员的实际到岗情况；（五）承包人供应材料时，核查工程项目的原材料是否由承包人供应；（六）施工合同约定的建筑单位与现场施工方之间有无产权关系，有无统一的财务管理；（七）施工合同约定的建筑单位与施工现场的项目经理或其他现场实际施工人员之间有无建立劳动合同关系及是否缴纳社会保险。

司法实践中，为保护已付出技术、资金、劳务等投资要素的实际施工人的合理利益，最高人民法院的司法解释引入了特殊的实际施工人权利保护制度，突破了合同相对性原则。承包人非法转包、违法分包建设工程或者没有资质的实际施工人借用有资质的建筑施工企业名义与他人签订建设工程施工合同的行为无效。人民法院可以根据民法典的规定，收缴当事人已经取得的非法所得。实际施工人以发包人为被告主张权利的，人民法院可以追加转包人或者违法分包人为本案当事人。发包人只在欠付工程价款范围内对实际施工人承担责任。

承包人转包或违法分包的工程不符合规定的质量标准给发包人造成损失的，承包人与接受转包或者分包的施工单位承担连带赔偿责任。

# 第二十八节　承包人原因暂停施工、拖延或拒绝复工

在建设工程实践中，引起暂停施工的原因有很多，但因下列情形暂停施工而增加的费用、工期延误由承包人承担：（一）承包人违约引起的暂停施工；（二）由于承包人原因为工程合理施工和安全保障所必需的暂停施工；（三）承包人擅自暂停施工；（四）承包人其他原因引起的暂停施工；（五）专用条款约定由承包人承担的其他暂停施工。

工程若因故需暂停施工时，施工现场的看护管理和维护工作尤其重要。暂停施工期间，发包人和承包人均应采取必要的措施确保工程质量、安全，防止因暂停施工而扩大损失。承包人作为施工工程照管的直接责任方，无论暂停施工是否系承包人原因导致，其对于工程质量和安全均负有不可推卸的责任。

司法实践中，因承包人原因暂停施工的，发包人应当做到以下五点：（一）在暂停施工期间尽到发包人应尽的义务并采取必要措施积极配合承包人对工程现状的看管工作；（二）及时就承包人提出的复工意见进行审核与批准；（三）定期安排专人就工程质量和安全进行调查，对发现的问题进行记录，并要求承包人进行整改；（四）对于承包人擅离职守或不合理的看护行为以及其他安全隐患做好提醒、配合解决以及收集证据等工作，确保日后争议解决时有理有据。

承包人无故拖延或拒绝复工是指非发包人及不可抗力原因，承包人在没有正当合理理由的前提下，未按照复工通知要求的时间复工的情形。建设工程实践中，存在大量承包人以停工为由胁迫发包人增加工程款或超额支付工程款等损害发包人合法权益的情形。

司法实践中，无论是哪方原因导致暂停施工，承包人均应在收到监理人发送的复工通知指定的期限内复工。承包人无故拖延、拒绝等原因导致工程无法按期复工的，其人应就收到复工通知之日到实际复工之日的工期延误和

费用损失承担责任。

## 第二十九节　供应的材料、设备照管义务

实践中，发包人供应的材料、设备统称为甲供材，发包人供应的材料、设备文件，是指记载发包人负责供应的设备和材料相关情况的文件，具体包括发包人负责供应材料、设备清单、合格证书、验收单、封样记录，发包人及时供应的证明文件。设备和材料供应清单，是指由发包人签字（盖章）确定的供货明细，一般应当载明设备材料的品名、规格、型号、单位、数量、单价、金额、供应时间等内容。

司法实践中，通过审查发包人的设备和材料清单、合格证书、验收单、封样记录，有助于判断其是否存在违约指定材料、设备生产厂家或供应商延迟供货、质量缺陷等违约情形。

司法实践中，当事人双方可以在合同中约定发包人或承包人运入施工现场的材料、工程设备、施工设备以及在施工场地建设的临时设施，包括备品备件、安装工具与资料，必须专用于工程未经发包人批准，承包人不得运出施工现场或挪作他用；经发包人批准，承包人根据施工进度计划撤走闲置的施工设备和其他物品。在工作实践中，有经验的发包人在执行合同过程中，通常会与承包人协商，尽可能明示潜在的停工期，许可承包人将闲置的施工设备暂时撤离现场，但要求承包人在约定的时间内将施工设备运回现场，以保证复工后工程顺利、有序地推进。一方面最大限度地避免遭受承包人的索赔，另一方面明确复工后的工期责任主体。

司法实践中，可以通过合同约定不论何种原因引起停工的，暂停工作期间及工程接收证书颁发前或颁发时尚有部分未竣工工程的，承包人均应负责

照管和维护工程。承包人未尽照管和维护义务致使工程、材料设备、成品、半成品损坏的，由其承担相应的费用和损失。

## 第三十节　工程签证

按承发包合同约定，一般由承发包双方代表就施工过程中涉及合同价款之外的责任时间所做的签认证明，即工程签证单。从上述定义不难看出，工程签证涉及内容广泛，主要包括工程经济签证，即在施工过程中场地、环境、业主要求、合同缺陷、违约、设计变更或施工图缺陷等，造成发包人或承包人经济损失方面的签证；工程技术签证，即施工组织设计方案、技术措施的临时修改；工程工期签证，即工程实施过程中非承包人原因导致的延期开工、暂停施工以及工期延误的签证；工程隐蔽签证，即基坑验槽记录、软地基处理、钢筋隐蔽验收签证；等等。

洽商变更单，主要是指施工企业就施工图纸、设计变更所确定的工程内容以外，施工图预算或预算定额取费中未包含的，而施工中又实际发生费用的施工内容所办理的书面说明。一般包括因施工成本、施工技术、施工难度、材料供应等原因或设计本身等问题而经各方协商后进行的修改记录，通常作为合同文件的组成部分。

司法实践中，合同约定之外的争议数不胜数，因此参建各方应在事中把相关的签证事宜处理妥当，做好签证工作，这将直接关系到承发包双方的切身利益，是工程结算的重要依据。同时，在实践中时常出现工程量、费用、工期等较之合同约定产生变更的情形，承包人应积极主动按照合同约定向发包人、监理人提起洽商变更的申请文件，如发包人、监理人在上述申请文件上进行签认的，承包人应注意妥善保存相应的单据凭证，并在竣工结算时计入结算价款。因此，洽商变更单、工程签证单相当于建设工程施工合同的补充或变更，与合同本身具有同等的法律效力，理应予以重视。

## 第三十一节 设备、材料认价文件

设备、材料认价文件包括暂估价设备材料认价文件和双方另行变更材料设备价格的认价文件。暂估价材料设备是指发包人在工程量清单或预算书中列举的必然发生但暂时不能确定价格的材料设备。暂估价材料设备价格发包人确定单是发包人就暂估价材料设备确定价款的签认文件；双方另行变更材料设备价格确定单是承发包双方就材料设备价格变更达成共识的依据。上述文件与工程结算密切联系，是工程结算的重要依据。

实践中，并非每个工程都有暂估价材料设备，工程人员可通过查阅超标文件、合同专用条款、暂估价材料设备一览表及其他相关内容予以确定。

确定暂估价材料设备价格的方式，在司法实践中，依法必须招标的暂估价材料设备，对于以暂估价形式包括在总承包范围内的货物达到国家规定规模标准的，应当由总承包中标人和工程建设项目招标人共同依法组织招标、通过招标方式确定暂估价材料设备价格；对不属于依法必须招标的暂估价材料设备，可根据双方约定的方式确定暂估价材料设备价格。承发包双方在收集文件资料时还要注意招标文件与投标文件中暂估价材料设备的数量、价格是否一致，若不一致的将会发生纠纷。

实践中，暂估价项目的设置虽然在工程招标项目中被广泛采用，但在工程结算中埋下许多隐患。司法实践中可以通过以下四种方式预防：审查专用条款中约定的暂估价项目是否符合法律、法规及当地建设行政部门规定；审查是否约定了暂估价项目的具体实施、责任和风险承担方式；审查发包人自身是否尽到了合同约定的确认和批准义务；审查发包人掌握的承包人原因导致暂估价合同订立和履行迟延的证据是否充分，以便于证据的收集与整理。

## 第三十二节　阶段性质量验收

阶段性质量验收文件主要包括隐蔽工程检查记录、隐蔽工程验收单与验收记录、分部分项工程质量验收记录、单位工程质量竣工验收记录、监理工程质量评估报告等。其中，隐蔽工程检查记录是对已完工的隐蔽工程进行检查，并将隐蔽工程的隐蔽内容、质量情况、检查意见、复查意见等记录下来而形成的书面文件，作为建设工程竣工验收或索赔的重要技术资料。隐蔽工程检查记录一般由承包人填报，由发包人、监理工程师审核和复查。隐蔽工程主要是地基、电器管线、供水供热管线等需要覆盖、掩盖的工程。

隐蔽工程验收单与验收记录是在隐蔽工程完工后下一道工序开工前，由承发包双方、监理工程师和质量检查员共同对隐蔽工程进行验收并签署的书面文件。承包人在隐蔽工程隐蔽前，应当通知监理检查，监理检查合格后出具检查记录，方可进行记录。承包人未通知监理到场检查，私自将工程隐蔽部位覆盖的，监理人有权指示承包人钻孔探测或揭开检查，无论工程隐蔽部位是否合格，由此增加的费用、延误的工期均由承包人承担。

分部分项工程质量验收申请文件，是由承包人完成了按单位工程的结构形式、工程部位、构件性质、使用材料、设备种类等不同标准划分的分部分项工程具备验收条件，向发包人或监理人书面提出检查该分部分项工程质量是否符合国家有关工程施工验收规范、标准及合同约定的书面申请材料。分部分项工程质量验收记录是由总包单位、分包单位、建设单位、监理单位共同对分部、分项工程的质量进行验收并对验收结果进行记录所形成的书面文件。

监理工程质量评估报告是单位工程、分部、分项工程完工后，在施工单位自检质量合格的基础上，监理工程师根据日常巡查等掌握的情况，结合对工程初验的意见，编写对工程质量予以正确评定的报告。该报告对工程质量客观真实的评价，是监理资料的主要内容之一，也是质量监督站核验工程质量登记的重要基础资料。但是该报告仅为过程性佐证材料，不同于四方验收文件，亦不能将其作为认定工程质量合格的依据。

司法实践中，隐蔽工程在隐蔽前，承包人应当通知发包人检查。发包人没有及时检查的，承包人可以顺延工程日期，并有权要求赔偿停工、窝工等损失。监理人未在隐蔽工程质量验收申请文件的期限内进行检查的，也未提出延期要求的，承包人可自行完成覆盖工作，并作相应记录报送监理人。隐蔽工程覆盖后，发包人或监理人对工程质量有疑问的，可以要求重新检查。经重新检查证明工程质量合格的，由发包人承担由此增加的费用或顺延工期；经重新检查证明工程质量不合格的，由此增加的费用和延误的工期由承包人承担。

隐蔽工程质量验收申请文件作为承包人向发包人履行通知义务的重要材料，在索赔中往往成为关键性证据。

## 第三十三节 工程款申报文件

工程款申报文件主要是指承包人为索要工程款而向发包人提交的支付申请文件，一般包括预付款、材料设备款、进度款、签证款、结算款及保修款的支付申请文件。这里着重介绍进度款，其是发包人根据承包人已经完成的工程形象进度并经过其或监理人确定的工程量定期向承包人支付的工程款项。

司法实践中，承包人预付款、签证款、进度款申报文件通常作为发包人未按合同约定的期限及标准支付预付款、签证款及进度款的证据，承包人可据此向发包人主张逾期支付预付款、签证款及进度款的利息或违约金等。

司法实践中，因建设工期施工周期较长，施工过程中材料、设备的价格可能发生大幅波动，故合同中一般会对材料、设备的风险幅度及调价方式进行约定。如材料、设备价格的上涨幅度超过合同约定的风险系数时成交调价的条件，并由承包人向发包人提交材料、设备款项的调价资料和价差。

## 第三十四节　单位工程竣工验收报告

单位工程竣工验收报告是办理建设工程竣工验收备案的必备材料。建设单位不提交单位工程竣工验收报告的，后续无法办理房屋权属证书。单位工程竣工验收报告一般由三部分内容组成：（一）单位工程概况。主要包括工程名称、地质、参建单位，规划许可证号、施工许可证号，工程实际开工时间、竣工验收合格时间，等等。（二）单位工程建设基本情况。主要包括建设单位指定基本建设程序情况、设计情况、地质概况，监理基本情况和评价，施工单位基本情况和评价，工程验收情况，无障碍设施的设计、施工、竣工验收情况，施工过程中发生的质量问题、安全事故处理情况，等等。（三）对单位工程质量的综合评价。主要包括工程建设是否符合国家有关的法律、法规，是否符合基本建设程序，是否完成了合同约定的各项内容，工程设计是否合理，工程质量是否符合设计文件及施工合同的要求，工程质量是否合格，工程质量是否符合国家工程施工质量验收规范，参建各方是否一致认为工程达到竣工验收条件，建设单位是否同意工程竣工验收并进行竣工验收备案，等等。

此外，单位工程竣工验收报告附件中还应包括施工许可证，施工图设计文件审查意见，施工单位提出的工程竣工报告，工程质量评估报告，质量检查报告，工程质量保修书，验收组人员签署的工程竣工验收意见及法规、规章规定的其他有关文件。

由于该报告所记载的信息经建设单位汇总，并经参建各方签字确认，故在建设工程施工合同纠纷案件中具有较强的证明效力。

司法实践中，承发包双方都可以援引该报告中所载内容作为己方索赔主张的事实依据。

## 第三十五节　行政验收文件

建设单位应当自建设工程竣工验收之日起15日内，将建设工程竣工验收报告和规划、公安消防、环保、安全监督、人防、卫生等部门出具的验收认可文件或者准许使用文件，报建设行政主管部门或其他有关部门备案。上述文件与竣工验收报告均为竣工验收备案审核的必要材料。

司法实践中，上述材料的收集可用于竣工验收合格后承包人追偿工程款的依据，亦可用于发包人已提供相应材料后主张免责的依据。

## 第三十六节　工程质量文件

国家实行建设工程质量监督管理制度，建设单位、勘察单位、设计单位、施工单位、工程监理单位依法对建设工程质量负责。包括建设工程质量监督报告、工程质量责任书和质监注册表。

新建、改建、扩建的建设工程在工程项目施工招标投标工作完成后领取施工许可证前，建设单位应携有关资料到所在地的建设工程质量监督机构办理工程质量监督注册手续，填写工程质量监督注册表，并按规定交纳工程质量监督费用，质监注册表在备案后产生公示效力。

司法实践中，当承发包双方产生工程质量争议时，该文件可与工程竣工验收记录等相关文件形成证据链，作为判断参建各方是否依法承担质量责任或减免己方质量责任的证据材料。

## 第三十七节　工程结算资料

工程结算资料在建设工程施工合同履行过程中占据十分重要的位置，涉及承发包双方的重大利益，几乎所有的建设工程施工合同纠纷均涉及工程价款的结算。

工程结算资料一般包括但不限于结算书、结算审核书、结算审计文件等，其中，结算书一般是工程竣工后，承包人向发包人报送的反映该项工程造价主要内容并作为结算工程价款时进行的工程造价审核，以确定工程造价所形成的文件资料。因此，工程结算资料是确定工程价款最重要的依据。

由于建设工程周期较长，合同履行期间，人工、材料、工程设备和机械台班的价格可能发生大幅度波动影响合同价格，故当事人一般会在合同中约定人工、材料、工程设备和机械台班的调价方式。工作实践中，有很多单位以造价信息资料作为工程价款结算依据，此时，应通过名称、发文单位、文件号、发文日期等内容的约定确定唯一造价信息资料，避免因造价信息资料约定不明而遭受损失。这里的造价信息资料是指建设行政主管部门为维护建筑市场秩序、规范市场计价行为而发布的规范性文件或工程造价管理机构发布的用于确定人工、机械、工程常用建筑材料市场价格的参考性文件。

司法实践中，为减少承发包双方关于工程价款的争议，承发包双方应在施工合同中明确约定工程造价的计算依据并在施工过程中妥善收集、留存影响工程造价的相关信息资料。

## 第三十八节　基准日后的法律变化对工程价款的影响

建设工程实践中，很多发包人都在招标文件或合同中约定“无论出现任何风险合同价款均不予调整”等字样，即使发包人没有过错，有的法院也会基于公平原则支持承包人的部分诉求。在这种情况下，发包人在工作中应当注意以下三个方面：（一）在确定法律范围内，应当以合理且承包人可以预见为前提进行风险分担。（二）对基准日后因法律变化引起的工期、费用变更的责任归属进行明确约定。所谓基准日，招标工程以投标截止日前28天、非招标工程以合同签订前28天为基准日，其后国家的法律、法规、规章和政策发生变化引起工程造价增减变化的，发承包双方应按照省级或行业建设主管部门或其授权的工程造价管理机构据此发布的规定调整合同价款。（三）及时关注基准日前后法律、法规调整和变化的情况，并保留相关证据，将其作为未来判断承包人申请价格调整是否合理的依据。

司法实践中，建设工程发包、承包，必须在招标文件、合同中明确计价中的风险内容及其范围不得采用无限风险、所有风险或类似语句规定计价中的风险内容及其范围。在此种情况下，应充分掌握在何种情况下选择固定总价、固定单价或可调价格来保护己方的合法利益，就显得尤为重要。合同工期较短且工程合同总价较低的工程，可以采用固定总价合同方式。双方在合同中约定综合单价包含的风险范围和风险费用的计算方法，在约定的风险范围内综合单价不再调整。风险范围以外的综合单价调整方法，应当在合同中约定。可调价格包括可调综合单价和措施费等，双方应在合同中约定综合单价和措施费调整方法，调整因素大致如下:（一）法律、行政法规和国家有关政策变化影响合同价款;（二）工程造价管理机构的价格调整;（三）经批准的设计变更;（四）发包人更改经审定批准的施工组织设计（修正错误的除外）造成费用增加;（五）双方预定的其他因素。

司法实践中，还有下列因素出现，也会影响合同价款调整的，应由发包人承担:（一）国家法律、法规、规章和政策发生变化;（二）省级或行业建设主管部门发布的人工费调整，但承包人对人工费或人工单价的报价高于发布的除外;（三）由政府定价或政府指导价管理的原材料等价格进行了调整，承包人原因导致工期延误的除外。

## 第三十九节　结算协议书

结算协议书是指项目工程经发包人、承包人、设计人、监理人等各方验收合格后，发包人和承包人就施工合同履行过程中产生的包括工程款、工期、质量争议在内的所有争议一并解决的书面协议。

由于结算的目的是确定因施工合同履行产生的债权债务数额，包括争议的协商解决，如工程质量合格与否、工期延误与否、承包人是否存在停工、窝工损失等，所以在结算协商时会考虑所有对工程最终价款产生影响的因素。因此，承发包双方已经达成结算协议的，应当对质量没有异议，并且没有其他争议，除非在结算协议中另行约定协商和处理方式。

司法实践中，结算协议生效后，承包人依据协议要求支付工程款，发包人以承包人原因导致工程存在质量问题或逾期竣工为由，要求拒付，减付工程款或赔偿损失的，不予支持，但结算协议另有约定的除外。当事人签订结算协议不影响承包人依据约定或法律、行政法规规定承担的质量保修责任。结算协议生效后，承包人以发包人原因导致工程延期为由，要求赔偿停工、窝工等损失的，不予支持，但结算协议另有约定的除外。

## 第四十节　工程保修文件

工程保修文件是指承发包人根据相关法律、行政法规的规定，经协商一致，针对竣工工程所签订的工程质量保修协议或保修单，以及承包人向发包人单方出具的保修承诺。其主要包括质量保修范围、质量保修期限、质量保修责任、质量保修金的支付期限等。

缺陷责任期是指自工程竣工验收合格之日起承包人向发包人保证承担质量缺陷修复责任期间，一般为6个月、12个月或24个月，具体期间由承发包双方在合同中约定，且缺陷责任期涉及整个工程。质量保修期一般有法定最低期限，不同的部位保修期限也不同，保修责任范围一般只是部分部位。

司法实践中，建设工程在保修范围和保修期限内发生质量问题的，发包人首先向承包人发出保修通知，承包人接到通知后，应在约定的期限内前往现场核查情况，查明缺陷原因并出具维修方案，同时在保修合同约定的期限内予以修复；承包人接到通知后，其拒绝或不履行保修义务的，则发包人有权委托第三方完成修复工作，由此发生的费用应当由承包人承担。

# 第四十一节　发包人行使合同解除权

所谓解除权，是指合同当事人依照法律规定或合同约定享有的解除合同的权利。对发包人而言，行使解除权，应满足以下条件：（一）发包人有足够的证据证明承包人达到解除合同的情形。司法实践中发包人可以依法解除合同的主要情形如下：明确表示或者以行为表明不履行合同主要义务的；合同约定的期限内没有完工，且在发包人催告的合理期限内仍未完工的；已经完成的建设工程质量不合格，并拒绝修复的；将承包的建设工程非法转包、违法分包的。（二）将解除通知书依据双方约定的方式，成功送达承包人法定代表人或授权代表人。

一方违约导致合同解除的，违约方应当赔偿因此给守约方造成的损失。合同解除后，尚未履行的，终止履行；已经履行的，根据履行情况和合同性质，当事人可以要求恢复原状、采取其他补救措施，并有权要求赔偿损失，包括直接损失和间接损失。

司法实践中，发包人单方行使解除权的，应当注意以下四点：（一）发包人要有足够且充分的证据证明，因承包人的违约且达到可以解除合同的情形；（二）发包人请求解除合同的，应当按照合同约定的方式送达承包人指定的授权代表人或法定代表人；（三）合同解除后，对已完工程质量予以确认，并就工程质量、索赔事项予以商谈，避免工程款全部支付完毕后出现纠纷；（四）发包人预期利润损失的主张需要证据证明是承包人延期、停工等原因导致的，且发包人已经尽了合理的注意义务。预期利润损失不得超过违反一方订立合同时预见到或应当预见到的违反合同可能造成的损失。

## 第四十二节　承包人拒不移交工程

工程竣工验收合格后，承包人应按照建设工程合同的约定，在发包人颁发工程接收证书后按期移交工程。随着工程移交的完成，工程的保管责任和工程风险也一并转移给发包人。

建设工程实践中，因工程款结算、工程质量等文件签署不顺畅时，承包人往往会采取拖延移交工程的方法不予交接工程。但是拒绝移交工程所产生的额外费用和责任均由承包人承担。

工程移交并不意味着承包人合同义务的完成，还应承担未完成的合同义务，如竣工清场工作。清理是否达到以下标准：（一）场地内、工程建筑物周边及其附近道路、河道的施工堆积物和残留的垃圾，已全部清除出场；（二）临时设施工程已拆除、清理、平整或复原；（三）撤离承包人设备和剩余的材料；（四）监理人指示的其他清理工作。

司法实践中，对于工程竣工验收合格后，承包人以发包人拖延结算或欠付工程款为由拒绝交付工程的，承包人应承担违约责任。如果逾期交付工程致使发包人的损失超过违约金的，发包人可以请求对方赔偿，但不得超过承包人违约时预见或应当预见到的违反合同可能造成的损失。

**图书在版编目（CIP）数据**

PPP项目政府方全生命周期管理实践 / 唐俊华著.
北京 ： 中国法治出版社，2025. 7. -- ISBN 978-7-5216-4807-2

Ⅰ. F832. 48；F124. 7

中国国家版本馆CIP数据核字第2024143UM1号

责任编辑：吕静云　　策划编辑：吕静云　　封面设计：杨泽江

**PPP项目政府方全生命周期管理实践**

PPP XIANGMU ZHENGFUFANG QUANSHENGMING ZHOUQI GUANLI SHIJIAN

著者 / 唐俊华

经销 / 新华书店

印刷 / 三河市国英印务有限公司

开本 / 710毫米 × 1000毫米　16开　　印张 / 16.25　字数 / 244千

版次 / 2025年7月第1版　　2025年7月第1次印刷

中国法治出版社出版

书号ISBN 978-7-5216-4807-2　　定价：69.00元

北京市西城区西便门西里甲16号西便门办公区

邮政编码：100053　　传真：010-63141600

**网址：http://www.zgfzs.com　　编辑部电话：010-63141833**

**市场营销部电话：010-63141612　　印务部电话：010-63141606**

（如有印装质量问题，请与本社印务部联系。）